O ESPIÃO QUE APRENDEU A LER

Copyright © Rafael Guimaraens, 2019

Design Gráfico
Clô Barcellos

Capas
Fotos e documentos do relatório *Rede de Espionagem no RS. Dops*/1942, e reproduções de capas de obras literárias referidas no livro

Tradução de cartas e livros
Luciana Dabdab Waquil

Apoio
Goethe-Institut Porto Alegre

Revisão
Célio Klein
Esta obra segue o Acordo Ortográfico da Língua Portuguesa de 1990.

Administração
Andrea Dimitri Ruivo

Dados Internacionais de Catalogação na Publicação
Daiane Schramm – CRB 10/1881

G963e   Guimaraens, Rafael
           O espião que aprendeu a ler. / Rafael Guimaraens.
       - Porto Alegre: Libretos, 2019.
          216p.; 16x23cm.

             ISBN 978-85-5549-059-0
             1. Literatura brasileira. 2. Romance histórico.
       I. Título.
                                     CDD 869

Todos os direitos da edição reservados à Libretos Editora. Autorizada a reprodução parcial, para fins de estudo, pesquisa e reportagens, desde que citada a fonte.

Rua Peri Machado, 222, B, 707
90130-130 – Porto Alegre – RS
Brasil

libretos@libretos.com.br
www.libretos.com.br

Rafael Guimaraens

O ESPIÃO QUE APRENDEU A LER

Porto Alegre, 2019

Libretos

Índice

9
– Inglês, *of course?*

53
Pampaschwermut

109
Roda-gigante

149
Cristo Redentor

179
Barão Von Rhein

201
Epílogo

204
Notas finais

O recurso
A obra de Curt Meyer-Clason
A trajetória de Plínio Brasil Milano
Fontes de pesquisa
Agradecimentos especiais

Para Cochi

Na ala dos estrangeiros, dois alemães encontravam-se diariamente para um chá quente na caneca de flandres, de efeito benéfico contra o calor e o entorpecimento do espírito. O mais velho – um aristocrata, literato e músico, iniciado em todas as artes e prazeres do Velho Mundo – falava; o jovem, um desportista e comerciante, ouvia atentamente. Esse, que até então havia colecionado gravatas, raquetes de tênis e namoradas, escuta, ao longo de mil e uma tardes, o mais experiente a discorrer sobre o que são a literatura e o ato de ler, o salto da vida à palavra, a transformação da experiência em conhecimento, aprende sobre as leis do pensar, das cores, da construção de frases, do espírito e do poder, sobre homens e máscaras, sobre a origem, a diversidade e a unidade das línguas.

Curt Meyer-Clason, Ilha Grande
(Tradução de Luciana Dabdab Waquil)

– Inglês, *of course*?

John A. Thom vasculha os papéis anarquicamente empilhados sobre sua escrivaninha, enquanto o visitante, com as mãos nos bolsos, contempla da janela a vastidão caótica do porto de Recife. É um homem de cabelo louro e fino penteado para trás, bem vestido e tão magro que aparenta ser mais alto do que seu 1,84 metro de altura. Um barulhento ventilador metálico suaviza o calorão úmido que parece afetar até Sua Majestade, o rei George IV, austero no retrato atrás da mesa de *mister* Thom.

– Tenho certeza de que o telegrama do escritório de São Paulo estava aqui – resmunga Thom com o sotaque inglês levemente contaminado pelas vogais abertas da pronúncia nordestina.

– Posso voltar outra hora – diz o rapaz, fazendo menção de se retirar.

– Espere. Estou de fato muito ocupado, com três navios no porto – Thom aponta para a janela. – Mas vamos resolver isso de uma vez. Tem o passaporte?

– Esqueci no hotel.

– *No problem.*

John Thom retira duas guias da gaveta, coloca um papel carbono entre elas, cuidando para que estejam bem alinhadas, e as enfia no rolo da máquina de escrever. Olha para o rapaz com uma espécie de careta.

– Curt?

Curt concorda com a cabeça.

– Com K?

– Com C.

Thom datilografa C-u-r-t e vira-se para o rapaz à espera do sobrenome.

– Clason.

– Curt Clason. Inglês, *of course?*

O outro responde com um gesto vago, quase displicente. John Thom escreve: I-n-g-l-ê-s.

– Idade?

– 29.

– Domicílio?

– Estou hospedado no Hotel Central, não sei o endereço.

– Hotel Central basta.

Mister Thom retira os papéis da máquina, guarda a cópia na gaveta, assina a guia original e a entrega a Curt.

– Pronto. Com isso você pode trabalhar. Normalmente, quem preenche as guias é a secretária, mas ela já foi embora. Estava com enxaqueca. Vê lá se isso é motivo para sair mais cedo, logo numa sexta-feira, o pior dia? Mas aqui é assim, vá se acostumando. Então, sobrou para mim, logo eu, o maior agente exportador de Pernambuco, e logo hoje, que tenho três navios para despachar.

– Não quis dar trabalho.

Thom nota que o rapaz ficou sem jeito e abre um sorriso.

– *Do not worry.* Vamos ao porto?

Ao saírem, John A. Thom aponta uma mesa na sala contígua ao seu escritório.

– Aqui será o seu canto. Está bom para você?

– Está ótimo.

John Thom caminha pelo cais como se estivesse no pátio de casa. Fala sem parar, gesticula com energia e cumprimenta a todos, negociantes e estivadores, desviando-se dos guindastes que carregam ou descarregam as mercadorias. Uma fila de navios ocupa toda a extensão do porto.

— *By the way*, eu represento a Edward T. Robertson apenas por uma questão de amizade aos americanos. Tenho meus próprios negócios, portanto, fique à vontade para tomar iniciativas.

— Minha especialidade é algodão, mas pretendo trabalhar com outros produtos.

— Prepare-se para viajar bastante. Aqui tem algodão, mas você vai encontrar qualidade na Paraíba, no Ceará, no norte do Mato Grosso, alguma coisa no Rio Grande do Norte. Mamona, você vai negociar em João Pessoa, Natal ou Maceió. O melhor milho vem do Ceará, pois o clima é mais seco. Depois lhe passo um relatório com esse mapeamento. Eu comercializo de tudo: amendoim, babaçu, cera de carnaúba, óleo de oiticica. Geralmente, negocio com o Reino Unido. Agora, com a guerra, minha atividade fica mais direcionada para os Estados Unidos. Ainda exporto para a Inglaterra, mas é arriscado. Já ouviu falar no *Graf Spee*?

— O corsário alemão.

— Há poucas semanas, o *Graf Spee* afundou o *Clement*, carregado de mercadorias para Liverpool. Foi aqui perto. Um bombardeio impressionante. O pessoal do porto ficou dois dias recolhendo os marinheiros que conseguiram se safar nos botes salva-vidas. Isso nos obrigou a criar novas rotas para escapar dos corsários alemães. Você vai notar uma ação policial intensiva para reprimir a espionagem.

Os dois param diante do cargueiro *Yamazuki Maru*, em cuja proa um vento discreto tenta tremular a bandeira japonesa.

— Quinhentas toneladas de algodão, 300 sacas de farelo e 200 de milho para os *yankees* – John Thom declara, orgulhoso.

— Gosto de trabalhar com os japoneses. São honestos e cumprem prazo. Bem, aqui nos despedimos por hoje. O que você vai fazer amanhã?

— Na verdade, ainda estou me ambientando.

— Aos sábados, vamos todos para o British Club, em Olinda. Apareça por lá. Vou lhe apresentar ao cônsul e a alguns amigos da colônia inglesa. Joga tênis?

— Jogo.

— Então vai se dar bem. Por aqui todo mundo joga tênis. Ou tenta.

John Thom sobe a escada do navio. No meio do caminho, vira-se para Curt:

— Leve a raquete!

Despedem-se. Curt acende um cigarro e vai se afastando da balbúrdia do porto com a pergunta de *mister* Thom reverberando em sua mente: "Inglês, *of course*?"

Na manhã de sábado, Curt aparece no The Pernambuco British Club devidamente fardado de branco: calça, *shirt* e calçados adequados para o tênis. Leva a raquete no interior da valise junto com sabonete, toalha e uma muda de roupa social. Ao vê-lo, John Thom fez um gesto grandiloquente para que se aproxime.

— *Come on*. Curt Clason é funcionário da Robertson & Sons, transferido para Recife — ele anuncia aos amigos. — Vem recomendado. O melhor *cotton controller* do Brasil, segundo o nosso representante de São Paulo. Diz que joga tênis, e isso vamos ver daqui a pouco.

E passa a citar os nomes de cada um do grupo ao redor da mesa, no gramado junto às quadras de tênis: *mister* John Strain, da Strain & Osborn Ltda, Jerry e Lucy Carpenter, Maud Mulligan, o cônsul Reginald Hughman e o secretário do consulado Bobby Glendale, o único com traje esportivo.

Curt senta-se ao lado de John Strain, um homem de meia-idade, careca acentuada, mas um rosto jovial.

— Há quanto tempo está no Brasil? — Strain pergunta.

— Três anos.

— É um bom país — Strain afirma. — Sempre ganhei um bom dinheiro por aqui. Nossa firma adquiriu respeitabilidade, tínhamos ótimos negócios com a Alemanha, mas o maldito Hitler estragou tudo. Meu sócio Osborne é quem intermediava as exportações para a Alemanha. Agora, ficou um tanto desacreditado. Existe uma desconfiança em relação aos que negociavam com os alemães.

— Tudo isso é lamentável — Clason comenta genericamente.

— Cruel, mas não há o que fazer neste clima de guerra.

Do outro lado da mesa, o cônsul Hughman interroga:

— De onde você vem, *mister* Clason?

— Como?

— Qual é a origem de sua família?

Curt precisa agir com cuidado.

— Minha mãe é originária de Liverpool.

O cônsul faz menção de prosseguir a conversa, mas Strain interfere.

— Liverpool? Qual o sobrenome?

— Anderson.

— Também sou de Liverpool. Meu pai me falava de um comércio de algodão tradicional com esse nome Anderson.

— Poderia ser meu avô ou bisavô.

— O primeiro nome era Arthur, se não me engano.

— Meu avô.

— Está explicada a sua vocação para o algodão.

— E quanto a seu pai? — o cônsul retoma a palavra. — Clason... Fico imaginando de que região seria *mister* Clason. Também é de Liverpool?

— Nosso cônsul é curioso sobre a origem dos compatriotas — avisa John Thom. — Um obcecado por árvores genealógicas.

— Meu pai foi herói na Grande Guerra. Infelizmente, faleceu há alguns anos, depois de uma longa enfermidade. Éramos muito apegados. Foi um exemplo para mim de conduta, retidão e amor pela pátria.

— Sua mãe ainda vive em Liverpool? — Bobby Glendale pergunta.

— Sim — Curt oferece uma resposta vacilante.

— Se quiser enviar alguma coisa a ela, correspondência ou encomenda, pode utilizar o malote diplomático. É seguro e economiza tempo — Glendale sugere e olha para o cônsul em busca de aprovação.

— Agradeço. Não tenho tido problemas com o Correio, mas vou considerar a oferta.

Pelo canto do olho, Curt examina Maud, que se mantém silenciosa, mas atenta à conversa. Por vezes, seus olhares se cruzam. O cônsul especula sobre as origens do sobrenome Clason. Curt escuta desejando que aquilo termine de uma vez.

— *Well, anyone for tennis?* — convida Bobby Glendale mirando Curt.

Ele ergue-se imediatamente da cadeira.

— Estou meio enferrujado. Espero não fazer feio.

Ao final da tarde de 9 de novembro de 1939, uma quinta-feira cinzenta e abafada, o piloto Heinz Puetz aterrissa o hidroavião *Moré*, proveniente do Rio de Janeiro, desce apressado as escadas, pondo-se à frente dos passageiros de forma grosseira, atravessa a passos nervosos a pista do Aeroporto São João, em Porto Alegre, e invade o escritório da Viação Syndicat Condor.

– Chegou o radiotransmissor? – ele berra com a camisa branca empapada de suor, o rosto esfogueado e veias salientes trepidando no pescoço.

Puetz é um homem de cerca de 40 anos, grande e musculoso, que parece estar especialmente contrariado. Pego desprevenido e intimidado ante o corpanzil e a veemência do piloto, o gerente Herbert Krietsch gagueja:

– Na-não estou informado, mas vou averiguar?

– Como não está informado? É um assunto de interesse prioritário da empresa. A chegada dos transmissores deveria ter sido imediatamente informada à matriz.

O telegrafista Alberto Bussons percebe que seu chefe se encontra em apuros e o acode.

– Se me permitem, o equipamento chegou ontem e imediatamente foi encaminhado à agência da Varig, de acordo com as instruções – ele esclarece.

Puetz não parece totalmente satisfeito. O rapaz, então, busca o livro de controle da empresa e mostra ao piloto o registro de duas malas de couro avermelhado com cantoneiras de metal, onde estavam colados papéis com o aviso "frágil".

Puetz arranca o livro das mãos do rapaz para se certificar. Só então deixa escapar um longo suspiro. Bussons imagina que o piloto perguntará sobre o destino da mercadoria: os transmissores foram encaminhados à Varig, conforme constava na ordem de serviço. Mas a pergunta não vem.

Antes de sair, Puetz faz questão de deixar instalado no escritório o seu descontentamento pela forma como o assunto foi tratado.

– A chegada do transmissor deveria ter sido informada à matriz. Trata-se de uma falta muito grave.

Bussons pensa em responder que, na mensagem telegráfica da matriz, não havia instruções nesse sentido, mas julga que isso só pioraria as coisas.

Quando o homenzarrão deixa a sala, Kiersch sente um alívio, mas sua atenção logo é capturada pela presença de outro visitante, Werner Mucks, responsável pela manutenção dos radiotransmissores nos aeroportos onde a Condor atua. Já esteve em Porto Alegre em outras oportunidades, mas desta vez sua vinda não fora previamente anunciada e nem teria motivo, já que os equipamentos funcionam normalmente.

— O que o traz aqui, *Herr* Mucks?

— Eu também gostaria de saber.

Mucks parece desnorteado. Confidencia que pela primeira vez em dois anos como funcionário da empresa foi chamado para uma tarefa sem receber instruções precisas sobre a sua natureza. Von Studnitz, o chefe de trânsito da Condor, só lhe deu orientações para viajar a Porto Alegre e procurar o cônsul alemão Friedrich Ried, o qual providenciaria seu deslocamento para a cidade marítima de Rio Grande, onde teria um trabalho a fazer.

Kiersch coloca um automóvel à disposição de Mucks para conduzi-lo ao consulado. Quando ele se afasta, Bussons pondera.

— Alguma coisa não está batendo, chefe. O que o sujeito vai fazer em Rio Grande, se a Condor não opera por lá?

A Repartição Central de Polícia ocupa um majestoso edifício na esquina das ruas Duque de Caxias e Marechal Floriano, a duas quadras do Palácio Piratini, sede do governo do Rio Grande do Sul. Antigamente, abrigava a Biblioteca Pública, mas em 1922, seus 26 mil volumes foram transferidos para o novo prédio construído na esquina das ruas Riachuelo com General Câmara.

A sede da Polícia possui dois pavimentos, mas a Marechal Floriano é uma ladeira íngreme, de forma que a construção ganha mais dois andares inferiores e torna-se suficientemente grande para abrigar quatro diretorias, oito delegacias especiais, os institutos de Identificação e Medicina Legal, um xadrez para presos transitórios, mais a redação e uma impressora da revista *Vida Policial*.

Ainda assim, o delegado Plínio Brasil Milano conseguiu do chefe de Polícia, Aurélio Py, liberar uma sala espaçosa para as aulas da Escola de Polícia, que ele mesmo instituiu com o objetivo de profissionalizar e agregar respeito ao trabalho dos agentes da lei. Às 8 da manhã sexta-feira, dia 10, ele está de pé na sala repleta de policiais veteranos, chamados para uma espécie de reciclagem, e de novatos da Guarda Civil em estágio probatório. Pronuncia um enérgico "bom dia" aos alunos. Vai ao quadro-negro, no qual escreve: *Técnicas de interrogatório*.

— Hoje em dia, é praticamente impossível se instruir o chamado processo mudo, aquele que se baseia unicamente na prova material — ele inicia com o sotaque marcante que trouxe do Alegrete, sua terra natal, na fronteira do Rio Grande do Sul com a Argentina. — É essencial recorrer-se ao depoimento de testemunhas ou à confissão dos acusados, mas muitas vezes nos deparamos com uma das grandes dificuldades da investigação policial, que tem sido a falibilidade da chamada prova testemunhal. Eu lhes pergunto: como aferir a sinceridade e conhecer o grau de confiabilidade de cada declarante?

Ante o silêncio da plateia, ele mesmo responde.

— Pois bem. É necessário aperfeiçoar as técnicas de interrogatório, ou seja, ditar normas voltadas a enxugar os vícios e defeitos das declarações prestadas que possam contaminar o processo criminal. Desde os tempos mais remotos os estudiosos se preocupam com a questão do interrogatório. Na Pérsia antiga, os juízes acreditavam que poderiam confrontar a sinceridade dos declarantes obrigando-os, logo após prestarem declarações, a engolir alguns grãos de arroz cru. Era crença entre os juízes que, por vontade dos deuses, o criminoso não conseguiria deglutir os grãos.

O delegado fala sério, mas a história arranca algumas risadas da plateia.

– Seria uma interferência indevida da superstição nos assuntos judiciais? Os juízes persas não estavam tão errados. O estado emocional dos que prestam falsas declarações inibe a secreção da saliva e dificulta a ingestão de grãos secos. Mas é claro que dar grãos de arroz aos declarantes não resolve nossos problemas atuais. As diversas técnicas usadas no interrogatório policial podem ser agrupadas em três grupos:

Plínio Brasil Milano vai ao quadro-negro e escreve: 1. *Tortura corporal.*

– A ameaça, o castigo, o sono, a fome constituem as bases das técnicas assentadas na tortura corporal. Acreditam os partidários desse sistema que uma pessoa amedrontada, ameaçada, espancada, venha a faltar a verdade para se livrar do castigo. Quero ouvir a opinião de vocês sobre isso – ele provoca e aguarda em silêncio.

Depois de alguns instantes, alguém se arrisca.

– Em algumas situações, se faz necessário usar todos os recursos para chegar à verdade.

– Justamente aí que eu gostaria de chegar. Além de desumanos, esses métodos estão muito longe de conduzirem à certeza da verdade. Muitas vezes, o depoente confessa qualquer coisa para acabar com o seu suplício. Infelizmente, esses processos ainda não foram de todo abandonados. A civilização atual não tolera que se pratique em nome da lei monstruosidades como essas, chamadas indevidamente de técnicas de interrogatório. Não é admissível, para esclarecer um crime, aceitar a prática de outro. Portanto, as modernas técnicas aboliram a tortura física.

Voltou ao quadro-negro: 2. *Supressão da consciência.*

– O segundo grupo tem por base o esclarecimento da verdade através da supressão da censura consciente do indivíduo. O magnetismo, a hipnose e o espiritismo foram empregados nos interrogatórios policiais em vários países civilizados, mas nunca foram oficialmente adotados. Primeiro, porque requerem interrogadores excecionalmente preparados, ou seja, médiuns ou especialistas em ciências ocultas. Em segundo lugar, muitas vezes não surtem os efeitos desejados quando o grau de receptividade dos declarantes é baixo. O álcool, o éter, o clorofórmio também foram tentados, mas não lograram êxito porque não há meio de se graduar a embriaguez. No caso de embriaguez absoluta, nada se consegue. Quando é incompleta, o interrogador corre o risco de ser ludibriado pelo declarante.

Um aluno jovem ergue o braço.

– Li que estão testando injeções de escopolamina, com bons resultados.

– Concordo. Esse preparado tem a vantagem de suprimir toda a censura consciente da pessoa sem lhe causar qualquer distúrbio orgânico, mas requer cuidados especiais com relação ao estado de espírito do declarante. Se a pessoa estiver prevenida sobre a finalidade da aplicação, o resultado é sempre negativo. Assim, a autoridade teria que encontrar um pretexto capaz de justificar o procedimento, o que, em geral, contraria as leis e constrangeria a autoridade policial.

O delegado Plínio retorna ao quadro-negro e escreve: 3. *Processos humanos.*

— Em 1923 surgiu, a partir de experiências nos laboratórios norte-americanos, um aparelho chamado detector de mentiras, criado por um oficial de Polícia chamado John A. Larson, mas isso fica para a próxima aula.

Ele despede-se dos alunos e sobe ao segundo andar, onde funciona a Delegacia de Ordem Política e Social, que ele dirige há dois anos, desde sua criação, com a implantação do Estado Novo. Em sua sala, o delegado Plínio toma conhecimento do intrigante episódio ocorrido no Aeroporto São João em torno de um misterioso radiotransmissor.

— Por onde anda o tal Werner Mucks?

— Neste momento está voando para Pelotas.

— Quero vigilância 24 horas sobre o sujeito e informes meticulosos sobre suas andanças.

No final da tarde, o delegado Plínio recebe o primeiro boletim telegrafado pela Polícia de Rio Grande: *O elemento chegou a Pelotas e imediatamente foi conduzido a Rio Grande de automóvel pelo agente Wilkens da Companhia Hamburguesa. Depois de almoçar no Restaurante do Comércio com o vice-cônsul Lang, o suspeito foi conduzido ao vapor Rio Grande e de lá não saiu mais.* Para o delegado, o quadro é óbvio: Werner Mucks foi chamado para montar o aparelho radiotransmissor dentro do navio, com evidente intuito de espionagem.

— A Capitania dos Portos deve proceder uma varredura no interior do navio para encontrar o aparelho! — ele ordena.

━━▶

Plínio Brasil Milano é um aficionado do turfe e costuma passar os domingos no Hipódromo do Moinhos de Vento, a poucas quadras de sua residência. É lá que os plantonistas do Dops o localizam por telefone para transmitir más notícias. A inspeção da Capitania dos Portos não encontrou no cargueiro *Rio Grande* nenhum radiotransmissor, a não ser o antigo, que se encontra devidamente lacrado desde setembro em função da Lei da Neutralidade. Os responsáveis pela Companhia Hamburguesa negaram veementemente a presença do referido aparelho no interior do navio.

Na manhã de segunda-feira, o delegado fica sabendo que Mucks deixou o navio e passou a noite passada no Hotel Paris. Saiu cedo do hotel e foi levado para Pelotas de trem.

– A esta hora deve estar embarcando no voo da Varig para Porto Alegre – informa o plantonista. – Temos dois agentes no Aeroporto São João de olho no sujeito.

– Essa história está pra lá de mal contada. Quando esse Mucks desembarcar, tragam-no aqui.

Ao descer em Porto Alegre, Werner Mucks é detido por dois policiais e levado à presença do delegado Plínio Brasil Milano.

– O senhor está em apuros, senhor Mucks, e nessas horas é recomendável falar a verdade.

Mucks não titubeia. Alega que as únicas instruções repassadas pelo chefe de trânsito da Condor, Von Studnitz, eram: desembarcar no aeroporto e se dirigir ao consulado alemão. O cônsul Ried só lhe disse que fizera uma reserva em seu nome no Hotel Jung e que, na manhã seguinte, deveria retornar ao aeroporto para tomar o voo matinal da Varig com destino a Pelotas. Foi o que fez. Viajou acompanhado por um sujeito de nome Wilkens, agente da Companhia Hamburguesa. Quando chegaram a Pelotas, seguiram de automóvel rumo ao porto de Rio Grande.

— Somente quando embarquei no vapor *Rio Grande* o agente Wilkens e o comandante Johannes Heins revelaram o tipo de tarefa que eu deveria cumprir. Montar um radiotransmissor, cujas peças já se encontravam no interior do navio. No entanto, não consegui realizar o serviço.

— Por quê?

— O equipamento tem a marca Lorenz, a mesma utilizada pela Viação Condor, no entanto, com potência de 40 watts, enquanto os transmissores da empresa nas estações de aeroporto alcançam 200 watts. Porém, havia uma incompatibilidade. Após um rápido exame, verifiquei que a estação estava calibrada para operar em corrente alternada, ao contrário do sistema elétrico do navio, que emprega corrente contínua.

— Mas estou informado de que o senhor passou o fim de semana dentro do navio.

— O comandante Heins não se conformou com a minha avaliação e exigiu uma solução. A única possibilidade seria transformar uma parte da corrente, mas não garanti que funcionasse, e foi isso que eu tentei durante esses dois dias.

— E conseguiu?

— Ontem à noite consegui operar uma transformação no sistema elétrico e obter uma fonte de corrente alternada. No entanto, meu esforço foi em vão porque a fonte improvisada conseguiu gerar no máximo 160 volts, enquanto a estação necessita de 220 volts para funcionar.

— O senhor sabe que instalar estações retransmissoras em navios de países em guerra é crime previsto pela Lei da Neutralidade?

— Sou funcionário e faço o que me mandam.

— Alguma outra vez o senhor fez serviços estranhos a Condor Syndicat?

— Não.

— A Condor mantém relações com a Companhia Hamburguesa?

— Diante do ocorrido, presumo que sim.

— E onde se encontra esse equipamento?

— Em um compartimento localizado no porão junto ao depósito de mantimentos.

O delegado Plínio alcança uma folha de papel e um lápis ao interrogado e pede a ele um mapa do local.

O agente Friedrich Wilkens manuseia um exemplar da revista *Vida Policial* até encontrar o que procura. Ele mostra ao delegado Plínio Brasil Milano um anúncio que ocupa uma coluna de cima a baixo com os dizeres: *HSDG – Companhia Hamburguesa Sul-Americana. Serviço de transporte de passageiros em modernos paquetes alemães. Saídas regulares de Rio Grande para a Europa e o Rio da Prata. F. Wilkens – Agência Marítima – Rua Marechal Floriano, 267 – Rio Grande.* Abaixo do texto, o anúncio mostra o desenho de um navio.

— Nossa conversa começou mal – censura o delegado. – Se a sua intenção é criar algum tipo de compadrio entre nós em função do anúncio, vá tirando o cavalo da chuva.

— De forma nenhuma. Só estou mostrando que nossa empresa prestigia a atividade policial.

— Antes de começarmos: o senhor tinha uma reserva no Hotel Jung para passar a noite, no entanto, não dormiu no hotel.

— Quando cheguei ontem à noite, o cônsul Ried gentilmente me convidou para pernoitar em sua residência, mas isso o senhor já deve saber.

O delegado tem às mãos o depoimento de Wilkens prestado à Polícia de Rio Grande.

— No primeiro depoimento, o senhor declarou que não tinha conhecimento da chegada do aparelho radiotransmissor e que seu encontro com o técnico Mucks no aeroporto foi casual. O senhor confirma essas declarações?

— Desejo retificar as declarações prestadas à Polícia de Rio Grande.

— Por quê? Não falou a verdade?

— Pensei melhor e naquela ocasião não expliquei devidamente a minha participação nos fatos.

— Ah, não? E qual o motivo?

— Eu tinha orientação do cônsul Ried de não falar nada sobre esse ou qualquer outro assunto atinente à navegação. Pela dimensão que o caso adquiriu, me sinto na obrigação de fazer alguns esclarecimentos.

O delegado Plínio recosta-se à cadeira:

— Sou todo ouvidos.

— Naquela semana, recebi ordens para viajar a Porto Alegre para tratar do transporte de um aparelho vindo do Rio de Janeiro para Rio Grande. Deveria também acompanhar um sujeito que viria para providenciar a instalação do equipamento. No consulado de Porto Alegre conheci o "esperado técnico" e o acompanhei na viagem a Rio Grande.

— O senhor assistiu à tentativa de Werner Mucks de fazer a instalação do radiotransmissor?

— Durante o fim de semana, fui ao navio para entregar a Mucks a passagem de trem até Pelotas para o seu regresso a Porto Alegre através da Varig, na segunda-feira. Devo ter perguntado como andava o serviço.

— Foi a Companhia Hamburguesa que encomendou o aparelho radiotransmissor?

— Veja, delegado. Com a decretação da guerra, todos os navios alemães passaram à jurisdição do governo do Reich. As próprias tripulações não estão mais sob as ordens das empresas navegadoras e sim do governo. Presumo que o aparelho tenha vindo por intermédio deles.

O delegado Plínio percebe: Wilkens foi orientado pelo cônsul para colocar o assunto na esfera governamental e, assim, isentar os envolvidos das devidas responsabilidades.

– O comandante Johannes Heins sabia da existência do radiotransmissor a bordo?

– Sim.

– Por que em seu depoimento ele negou que soubesse?

– Pelo que ele me explicou, durante a inspeção anterior, havia empenhado sua palavra de honra ao diretor da Capitania dos Portos de que o aparelho não estava a bordo e não quis se desmentir.

– Homem de palavra – observa Plínio, com ironia.

❧

O delegado Plínio redige o relatório da investigação para o chefe de Polícia:

Após a detenção de Werner Mucks, esta delegacia solicitou a apreensão do aparelho por intermédio da Capitania dos Portos e a prisão do agente da Companhia Hamburguesa. Por instrução do Dops foi realizada a busca a bordo e o aparelho apareceu.

Apenas o responsável eclipsou-se. O comandante, segundo declarou, nada sabia. Os oficiais de bordo, da mesma forma. O senhor Wilkens protestou também por sua inocência no caso.

A ressaltar a conivência da Condor Syndicat e da Viação Aérea Rio-grandense (Varig) neste ato ilícito. Trata-se de uma empresa subvencionada pelo governo da República e de outra constituída de capitais nacionais, gozando de favores dos poderes públicos e dirigida por um estrangeiro naturalizado.

Estamos frente a uma manobra de uma potência beligerante, manobra esta francamente comprovada pela ingerência de seus representantes oficiais, em flagrante desrespeito às nossas leis. Pois outra coisa não pode ser esta série de atos praticados no sentido de montar clandestinamente uma emissora de radiotelegrafia, forçosamente destinada ao serviço de informações, que o vapor em apreço estava impossibilitado de realizar pela interdição de sua estação própria, de acordo com as leis de neutralidade do nosso país.

Em nossa opinião, são responsáveis por esta manobra os senhores Von Studnitz, chefe de trânsito da Condor, o diretor da Varig Otto Ernst Meyer, o cônsul alemão de Porto Alegre, Friedrich Ried, o agente da Companhia Hamburguesa Friedrich Wilkens, o vice-cônsul de Rio Grande, sr. Lang, e o comandante do vapor Rio Grande Johannes Heins. Torna-se necessário, para o perfeito esclarecimento do caso, que todos os envolvidos sejam presos.

Finalmente, tomo a liberdade de sugerir que seja levado ao conhecimento dos governos do Estado e da República, o procedimento das empresas Condor, Varig e Hamburguesa, bem como do cônsul Ried, cujas atitudes estão em choque com a neutralidade do Brasil.
Ass: Plínio Brasil Milano
Diretor de Ordem Política e Social

Durante sua primeira semana em Recife, Curt presta atenção no *modus operandi* das empresas exportadoras e seus agregados. Visita os portos de algumas capitais nordestinas e retorna com uma ideia fixa que expõe a John Thom.

— Todos os nossos fregueses podem confirmar que a firma G. S. muitas vezes nem controla as mercadorias a serem exportadas. Só copia em seus próprios certificados as listas de repesagem fornecidas pelos embarcadores e pelas autoridades do porto.

– Eu trabalho há anos com a G. S. e nunca tive problemas com os judeus – retruca Thom.

– Então, você tem uma sorte dos diabos. É uma situação temerária. A averiguação deles não tem responsabilidade ou garantia. Por exemplo, eles tomam conta de todo a controle das exportações de milho. Nenhum comerciante responsável faria isso, porque o milho brasileiro é muito úmido.

– Você está propondo que eu rompa com os judeus? Ora, os mercados exigem empresas controladoras. Sem elas, não há negócio.

– Concordo, mas a Osborne & Strain tem sua própria controladora. Algumas firmas de João Pessoa e de Fortaleza também. Por que você não pode ter a sua?

– Você está me criando um problema que não existia.

– Potencialmente, ele existia – Curt insiste. – Ouça, se você tiver uma quebra significativa causada pelo trabalho relapso da G. S., vai perder clientes.

– Minhas quebras não passam de 3 a 4%.

– Tudo isso? John, na Robertson, em São Paulo, trabalhamos com uma média de meio por cento. No máximo um e meio por cento.

– Não sei... Além do mais, não gosto de ser pressionado!

– Sinto-me na obrigação de alertá-lo. Pelo menos, pense na possibilidade.

– E quem faria esse trabalho?

Curt vê a conversa chegar ao ponto que deseja:

– Posso treinar uma equipe. Em pouco tempo, ela estará funcionando melhor que a dos judeus.

Antes de sacar para o *match point*, Curt enxerga de relance Maud se aproximar da quadra vestindo um saiote plissado e uma blusa curta com as mangas quase na altura dos ombros. Volta, então, a se concentrar no jogo. Impulsiona a bolinha com a mão esquerda para cima e a acerta em cheio com a raquete. Um bom saque, sem dúvida. Bobby Glendale consegue devolvê-la com força, mas Curt posiciona-se para disparar um novo golpe profundo em direção ao canto oposto. O adversário corre sobre a linha de base e ainda consegue um último gesto de defesa, mas vê seu rival já próximo da rede converter o ponto final com um *volley* inalcançável.

Bobby Glendale vem à rede, esbaforido.

– Desta vez cheguei perto – ele diz, resignado.

– Não desista.

Quando deixam a quadra, Curt vai em direção a Maud. Beija sua mão e convida:

– Depois de um jogo desses, preciso de um chope. Me acompanha?

– Os rapazes estão comentando que você não tem mais adversários aqui no clube. Já venceu os melhores.

– Tenho feito bons jogos. Vou fazer uma confissão, só para você. Meu sonho era ser jogador de tênis. Não consegui, então tive que me contentar com o ofício de controlador de algodão.

– Pelo que sei, é dos melhores.

– Tudo o que nos propusemos na vida, temos que fazer bem feito.

Curt pede ao garçom dois chopes.

– Acho que vou tomar um refresco – ela pede.

– Um chope e um refresco de...

– Groselha, pode ser. Tenho curiosidade de saber como é o seu trabalho de classificar o algodão.

– Há várias formas de avaliar. Muitos, talvez a maioria,

se limitam ao contato visual. Avaliam a qualidade do algodão pelo aspecto, a coloração e o brilho. Às vezes, pode dar certo, mas não é garantido. Se fôssemos examinar uma mulher. Miss Maud, por exemplo. O avaliador olharia para ela e diria: "Uma belíssima mulher, sorriso contagiante, cabelos cor de mel, pele bronzeada, porte elegante". Eu procuro ir além das aparências.

Curt aproxima a mão do braço de Maud, mas antes de tocá-la lança um olhar como se pedisse autorização. Ela sorri.

– Eu gosto de tocar, alisar, sentir a maciez e a consistência – Clason pousa a mão suavemente sobre o braço de Maud, roçando sua pele com o dedo polegar.

– Acredite, o toque é essencial para se conhecer uma boa superfície – ele percebe o peito dela adquirir volume.

A aproximação de alguns amigos de Maud inibe o prolongamento do flerte. Maud recolhe o braço suavemente, com o rosto esfogueado.

– E então? Sou um algodão de boa qualidade?

– Nota máxima.

– Você tem planos para o próximo fim de semana?

– Nenhum.

– Estou organizando um *happening*. Será aqui mesmo no British. Ficaria muito feliz se você viesse.

– Você é muito gentil. Vou passar uns dias em Fortaleza a trabalho, mas volto a tempo.

╼━▶

John Thom exibe uma euforia incomum na manhã de terça-feira, dia 19 de dezembro. A razão está estampada na capa do *Diário de Pernambuco* que ele tem às mãos: *O Graf Spee foi afundado por ordem directa do governo alemão*, anuncia a manchete em letras colossais.

— Que maneira de começar o dia, *my friend*! — Thom comporta-se como quem acaba de ganhar a extração da loteria. Curt acompanhava o drama do corsário alemão que já durava quatro dias, desde que entrou em choque com três cruzadores ingleses à altura de Mar del Plata, no litoral argentino. O capitão Hans Langsdorff conseguiu conduzir o navio bastante avariado até o porto de Montevidéu. Pretendia consertá-lo, mas o governo uruguaio deu um prazo de apenas cinco dias para o *Graf Spee* permanecer ancorado no cais.

Curt senta-se para ler a notícia, que inicia com uma nota divulgada pelo Estado-Maior da Alemanha: *O encouraçado Admiral Graf Spee não dispôs do tempo necessário para assegurar a sua navegabilidade. O Führer ordenou ao comandante que destruísse o navio fora das águas uruguaias. A ordem foi cumprida às 20 horas de 17 de dezembro.*

— Parecia invencível — ele comenta.

— Seis navios abatidos nos últimos dois meses só aqui no Atlântico. Agora, está no fundo do mar.

A cena do afundamento está descrita pelo jornal de forma quase épica: *Antes que terminasse o prazo concedido pelo governo uruguaio para a permanência do couraçado Graf Spee no porto de Montevidéu, o navio movimentou-se às 17 horas e 40 minutos. Cerca de 150 mil pessoas apinhadas no cais presenciavam as manobras do couraçado, que saiu pelo caminho normal dos navios que se dirigem a Buenos Aires, guinando em seguida para sudoeste. Antes de deixar o cais, dez ambulâncias recolheram todos os feridos de bordo, enquanto cerca de 300 tripulantes embarcaram em outro navio alemão, ancorado ao largo do Rio da Prata.*

— Vamos brindar! — Thom retira uma garrafa de uísque do armário e serve dois copos.

— Mas são nove da manhã! — estranha Curt.

— Essas ocasiões acontecem poucas vezes na vida. Daqui

a vinte anos, vamos lembrar que às nove da manhã de um dia de semana bebemos para comemorar o dia em que os canhões ingleses enviaram o terrível corsário para as profundezas! Que cara é essa?

– Estou um pouco impressionado – Curt bebe um gole e retoma a leitura.

Às 20 horas, enorme explosão ecoou por todos os cantos, saindo do bojo do couraçado e propagando-se por toda a parte. As vidraças estremeceram e os vidros foram partidos. O couraçado Graf Spee *fora afundado por sua própria tripulação, que preparara um grande tambor de combustível, fazendo-o explodir violentamente.*

– Os próprios tripulantes puseram o navio a pique.

– Não tinham escolha. Quando ele saísse, três torpedeiros ingleses o esperavam em alto-mar. Mais uma dose?

Curt estende o copo.

O delegado Plínio Brasil Milano sonha com uma polícia assentada na inteligência, no profissionalismo e na investigação científica, na qual o agente da lei será visto pela sociedade com respeito e consideração. O advento do Estado Novo abriu as portas para essa possibilidade. Em dois anos, o orçamento para a segurança no Rio Grande do Sul praticamente duplicou. Equipamentos modernos de raio infravermelho e datiloscopia foram incorporados ao cotidiano da atividade policial.

Plínio deu sua contribuição. Ante o descrédito geral, insistiu junto às autoridades para a implantação da Escola de Polícia, com um argumento: se médicos, engenheiros e advogados devem estudar para exercerem suas profissões, por que não o agente policial? Tomou a iniciativa de criar a revista *Vida Poli-*

cial, cuja pauta mescla reportagens sobre a elucidação de crimes famosos, novas técnicas de investigação e exemplos de atuação da Polícia em outros países, com ênfase para o Federal Bureau of Investigation (FBI) norte-americano, tendo a figura do diretor J. Edgar Hoover como modelo.

Uma semana antes do Natal de 1939, como faz todos os anos, Plínio visita a Polícia de São Paulo para estar atualizado sobre as novidades. Percorre o prédio da Secretaria de Segurança Pública, o Plantão da Polícia Central, o Gabinete de Identificação, o serviço de radiopatrulha e a Superintendência de Polícia Política e Social, é claro. Ao final da tarde, é apresentado ao serviço de Censura Postal. Em um enorme salão, funcionários abrem as cartas e, conforme o assunto, as distribuem nas mesas em seções assinaladas com placas como "Material comunista enviado por via aérea", "Medicina comunista", "Cartas anônimas", "Propaganda nazista", "Atentado ao pudor".

– Aqui tem de tudo – conta o delegado auxiliar Juvenal de Toledo Ramos. – Impressos de propaganda extremista, livros obscenos vindos de todas as partes do mundo, folhetos de propaganda contra a natalidade, cartas anônimas dirigidas a autoridades, enfim, todo o tipo de propaganda derrotista contra a nossa pátria.

– Como vocês escolhem as cartas a serem averiguadas?

– Todas as cartas que provêm do exterior estão sujeitas ao nosso exame – conta o diretor da Censura Postal, Lino Moreira. – Mas temos uma lista de pessoas suspeitas cuja correspondência é sistematicamente analisada. São comunistas, nazistas, vigaristas, golpistas, todos os "istas" que você pode imaginar. Se não há nada demais, tornamos a fechar a carta e a enviamos ao seu destino.

– Imagino que isso cause percalços e reclamações.

– Ocorrem atrasos, sem dúvida, mas é o preço a pagar para

termos uma sociedade protegida – pondera o delegado Ramos.

– Às vezes nos deparamos com situações curiosas – relata Lino Moreira. – Um dia encontramos uma carta em código. Fomos investigar e se tratava de uma correspondência entre namorados para burlar a vigilância dos pais.

Os três caem na risada.

À noite, o delegado Plínio esperava algo mais simples da homenagem que lhe prestariam as autoridades policiais de São Paulo. Quando ingressa no restaurante Jacintho, todas as mesas estão ocupadas e ele recebe uma salva de palmas dos presentes. Senta-se junto ao chefe de Polícia de São Paulo, João Carneiro da Fonte. O delegado auxiliar Juvenal Toledo Ramos é escalado para fazer as honras.

– A Delegacia de Ordem Social e Política de São Paulo, por meu intermédio, tem o prazer de saudar, nesse ágape simplicíssimo, nosso visitante, o delegado Plínio Brasil Milano, do Dops do Rio Grande do Sul, que teve a gentileza de vir passar uns dias conosco, acompanhando de perto nossa labuta em prol da segurança pública e das instituições.

Ramos faz uma pausa e ecoa uma ruidosa salva de palmas.

– Somos, por isso, profundamente reconhecidos ao seu nome e alevantado propósito, máxime quando vemos o doutor Milano não somente uma valorosa e cavalheiresca autoridade policial gaúcha, mas principalmente um desses bravos vanguardistas da completa união da família brasileira e da pátria comum.

Plínio acena para agradecer uma nova sessão de aplausos. O policial paulista prossegue:

– Nós temos que conduzir vitoriosamente a salutar e urgente campanha de mútuo conhecimento para chegarmos a um verdadeiro intercâmbio material e espiritual, amparado não em processos de ficção ou argumentos sofísticos, mas na força diuturna que procura varrer do ambiente nacional os últimos vírus da discórdia ou da desintegração insidiosamente inoculados por aquelas nações que pretendem se aproveitar na nossa imprevidência e da nossa falta de juízo.

— Muito bem! Apoiado! — gritam alguns.

— Faço essa breve digressão para saudar o nosso companheiro de trabalho, o amigo cuja bondade nos cativa e, principalmente, para destacar, em nome da ordem política e social de São Paulo, esse patrício vigilante e tenaz, que forma ao nosso lado, unindo o seu ao nosso patriotismo, empolgados como estamos pela ideia firme da preservação e da defesa do nosso mais sagrado patrimônio.

O delegado Plínio põe-se de pé para os agradecimentos.

— Em primeiro lugar, devo admitir que não esperava uma recepção tão calorosa por parte dos colegas e amigos. Estou aqui para aprender com os senhores. Não canso de salientar que considero a polícia de São Paulo a mais perfeita do continente. As polícias da Argentina e do Uruguai possuem um aparelhamento material digno de nota em assuntos de polícia, mas sofrem uma desorganização lastimável em virtude da heterogeneidade dos elementos que a compõem. Aqui em São Paulo, nota-se uma perfeita entrosagem de todas as repartições, e torna-se supérfluo encarecer as vantagens extraordinárias decorrentes desse controle. Mas não vou me alongar. Trago o abraço fraterno do nosso chefe de Polícia, major Aurélio de Lima Py, e a forte disposição de trabalharmos juntos na defesa de nossa pátria e dos valores que nos unem enquanto nação.

O tema das conversas deriva para o afundamento do cruzador *Graf Spee* na costa da Argentina, seguido do suicídio do comandante Langsdorff.

— Fico imaginando a situação de vocês, tão próximos aos acontecimentos — afirma o chefe da Polícia paulista.

– Estamos atentos. O Rio Grande é rota dos navios que se dirigem à Europa e se expõem à mira dos bombardeiros alemães. No mês passado, capturamos um radiotransmissor que seria instalado em um navio de uma companhia alemã.

– Certamente, esse transmissor seria usado para espionagem.

– Com toda a certeza, mandaria mensagens aos corsários como o *Graf Spee* revelando as rotas dos cargueiros que levam mantimentos à Inglaterra.

– Menos mal que o *Graf Spee* está fora de combate.

– Virão outros, porque o corte do abastecimento para a Inglaterra é estratégico para os alemães. A descoberta dos transmissores nos deixou em alerta máximo na prevenção de espionagem.

– Aqui, quem nos dá trabalho são os comunistas. Lá, pelo jeito, são os nazistas.

– Estamos de olho nos comunistas, mas eles são poucos, embora atrevidos.

– Em São Paulo, apesar da neutralidade do Brasil, existem movimentos da sociedade francamente antinazistas, inclusive com listas negras de empresas e profissionais.

– No Rio Grande, seria mais normal o contrário, um boicote aos aliados. Nosso Estado tem uma forte imigração alemã, em clubes, igrejas, escolas e organizações políticas, portanto, um terreno fértil para a germinação das ideias nazistas. Hoje, se exige que todo o alemão, homem, mulher, criança, soldado, operário, artista, funcionário público deve jurar obediência cega ao *Führer*, dentro e fora do país. Podemos dizer: o alemão só esquece que é nazista quando dorme.

– Não está sendo muito severo nessa generalização, doutor Plínio.

– Tenho convicção de que um elo espiritual une cada indivíduo ao chefe de Estado, da mesma maneira que na Idade

Média unia o vassalo ao senhor. Mas esse feudalismo nacional-socialista tem uma concepção nova. No antigo regime feudal apenas alguns latifundiários ou detentores de cargos públicos prestavam juramento. Na Alemanha de Hitler, cada indivíduo compromete-se a obedecer o *Führer* e abrir mão de qualquer possibilidade de vida privada.

— Então, na sua opinião, cada alemão ou descendente é um inimigo em potencial.

— Não diria isso. Eu, por exemplo, tenho dois colaboradores diretos que são filhos de alemães. Mas, como ponto de partida, devemos pensar assim para não sermos pegos desprevenidos.

Curt conheceu Celina Guiñazú em dezembro de 1936, a bordo do transatlântico *Massilia*, no qual ele embarcou no porto de Bordeaux ansioso para viver sua aventura brasileira. Em uma noite fria, em que as estrelas refletiam no oceano milhões de partículas de luz que balançavam ao ritmo das ondas, ele ouviu atrás de si uma voz suave perguntar em um francês com sotaque espanhol.

— Você pode me mostrar o Cruzeiro do Sul.

Ele, então, deparou-se com o rosto mais lindo que vira em toda a sua vida, de cabelos azulados pela luz da noite, sobrancelhas negras espessas, olhos grandes, boca carnuda realçada na medida certa por um batom discreto e um frescor quase juvenil irradiando de seu sua figura mignon e bem desenhada. Imediatamente, Curt lamentou seus parcos conhecimentos de astronomia.

— Não saberia dizer. São tantas constelações, infinitas estrelas. Mas prometo que vou estudar e amanhã poderei lhe responder.

Fizeram as devidas apresentações; ela, filha do embaixador argentino na Suíça, indo passar as festas de fim de ano em Buenos Aires; ele, contratado por uma empresa norte-americana de *cotton controller* para trabalhar no Brasil. Celina era cinco anos mais moça, estudava em um conservatório de Artes em Lugano. A partir dessa noite mágica, passaram a se ver todos os dias, ela quase sempre acompanhada da irmã mais nova, Maria Luiza – por orientação paterna, ele imaginava.

– Os navios franceses são mais divertidos em relação aos ingleses ou alemães. Todos os dias promovem algo interessante.

– Isso para quem está na primeira classe. Não é meu caso.

– Bobo! Eu falo com meu pai e consigo um passe para você.

Nas gloriosas festas do *Massilia*, Curt fez jus ao apelido de *Fred Astaire*, fazendo Celina rodopiar pelo salão como uma Ginger Rogers amadora e sorridente, sob o olhar severo do embaixador Ariel Guiñazú.

– Sabia que o *Massilia* faz o trajeto Europa-América do Sul em apenas nove dias?

– Pois eu preferia que a viagem durasse toda a eternidade, só pela sua companhia.

– Bobo!

Despediram-se quando ele desembarcou no Rio de Janeiro, com promessas mútuas de voltarem e a se encontrar. Passaram-se três anos. Após as festas de fim de ano em Buenos Aires, Celina está a bordo do *Cap Rosso*, que ficará ancorado no porto de Recife por apenas duas horas antes de seguir para a Europa. Curt sobe tropeçando nas escadas do transatlântico italiano e percorre, agitado, o convés do navio por uns dez minutos até localizá-la. Celina veste uma roupa de linho leve e conserva o rosto erguido para o sol. Quando se veem, permanecem algum tempo frente a frente, sem saber como se cumprimentar. Curt toma a iniciativa e beija as mãos da jovem.

— Cada ano mais bela.

— Cada ano mais galante.

Escondido atrás de um jornal, o embaixador Ariel Guiñazú ergue o rosto e responde com frieza a saudação de Curt. Celina conta que o pai foi nomeado embaixador no Vaticano e que está ansiosa para morar na Itália.

— Continua solteira? – ele indaga com alguma malícia.

— Você também, pelo visto.

— Não vale a comparação. Sou um solteiro irremediável. Mas você parece triste. Onde se escondeu a moça risonha do *Massilia*?

— Você não imagina. Quando estávamos indo para Buenos Aires, vi o *Graf Spee* no porto de Montevidéu, a cauda saindo, as dependências destruídas, um cheiro de metal queimado, marinheiros sangrando, sirene de ambulâncias, uma visão medonha. Depois, soube do suicídio do comandante em Buenos Aires. Imagine? Um homem só, derrotado, escreve uma carta para a esposa e outra para o *Führer*, toma um gole de uísque e dá um tiro na própria cabeça. Em nome de quê? – lágrimas deslizam pelo belo rosto de Celina.

O rapaz balança a cabeça.

— A guerra é uma insanidade. Os alemães enviam cruzadores para mares estrangeiros para bombardear navios ingleses, mas de caçadores viram caça. Um comandante decide tirar a própria vida em nome de uma falsa sensação de honra.

Um cavalheiro aproxima-se deles e Celina o apresenta:

— *Señor* Bosch, um amigo da família.

Este entrega seu cartão a Curt: *Juan Bosch – Argentine Meat Board*.

— Estou indo para a Inglaterra para fechar uns negócios. Os ingleses têm sido nossos melhores clientes, por enquanto.

Curt anuncia que um ramo de sua família possui uma

fazenda na Província Santa Fé e que planeja visitá-los em breve.

– Santa Fé? Lá se produz a melhor carne da Argentina. Certamente, seus parentes também fornecem à Inglaterra.

– Creio que sim.

A sirene do navio soa vigorosa. Celina conduz Curt até a escotilha. Ele a beija no rosto.

– Quando nos veremos de novo?

Celina ri.

– Se você for à Argentina, visite meu irmão. Ele gostaria de conhecê-lo – ela pede, tentando disfarçar a tristeza do momento.

Curt desembarca tomado por uma insuportável sensação de vazio e acelera o passo através do cais, sem olhar para o *Cap Rosso*, que começa a se movimentar pesadamente.

Curt risca as águas da Praia da Boa Viagem com braçadas firmes e elegantes. Quando alcança a rebentação, vira-se e enxerga Maud junto à margem com água pelos joelhos. Impulsiona o corpo e nada até ela. Suas bocas unem-se em um beijo intenso molhado com gosto de sal. Depois, jogam-se na areia sob um sol brilhante de meio-dia.

– Você é tão estranho. Sempre tenho a impressão de que está escondendo algo de mim – ela murmura com a cabeça acomodada em seu ombro.

– Bobagem.

Maud ergue-se e fica sentada sobre a toalha.

– Eu gosto muito de você, não importa o que eles falam.

– E o que eles falam? – Curt sente um desconforto.

– Ah, que você é misterioso, arredio, um pouco esnobe. Não importa. Me leve com você.

– Levar? Para aonde? – ele ri.

– Aonde você quiser.

– Nesse momento, eu preciso voltar ao escritório e não posso levá-la. Tenho um relatório para entregar a *mister* Thom.

Curt nota o olhar de decepção da garota.

– Eu também quero ficar com você. Olhe, um dia desses, eu prometo contar tudo sobre mim.

Deita-se ao lado dela e a beija com sofreguidão.

– Nos vemos amanhã?

– Amanhã – concorda Maud, conseguindo extrair um tímido sorriso de sua tristeza.

Curt passa no hotel, toma um banho e ruma para o escritório pensando em como sair da enrascada em que está metido. Quando se dirige a sua saleta, a secretária o aborda.

– *Mister* Thom deseja falar com o senhor com urgência.

A fisionomia grave da secretária, normalmente uma moça risonha, é um mau presságio. Curt ingressa na sala de John A. Thom e senta-se com meia nádega no canto da escrivaninha. Sobre a mesa, enxerga uma folha com o timbre *British Consulate – Pernambuco*. Nas primeiras linhas consegue ler: *To Mr. Goerge O'Neil, Boston, Massachusetts*. Abaixo: *c/c São Paulo (Sr. Fabio Marengo), c/c Recife (Mr. John A. Thom)*.

John Thom o fuzila com os olhos.

– Você é alemão!

A frase atinge Curt como uma lâmina.

– *So what*? – ele tenta atenuar.

– *So what*! Eu preenchi a sua guia de trabalho aqui nesta mesa. "Curt Clason, inglês". Agora leio aqui: "Hans Curt Meyer-Clason, alemão".

Curt fica quieto, medindo o que fazer. Thom prossegue na ofensiva.

— Sua mãe "inglesa" vive em Liverpool, mas só envia cartas de Stuttgart.

— Ela é filha de ingleses. Ouça... — Curt tenta explicar.

— ...o pai lutou na grande guerra, sim, mas do lado alemão! — John Thom retruca.

— O que isso tem a ver com os nossos negócios?

John A. Thom bate com a palma da mão na própria testa.

— Você deve estar mentalmente perturbado! Não percebeu? Estamos em guerra? O meu país contra o seu!

— Não tenho nada a ver com essa guerra. Não me meto. Só quero trabalhar.

— Imagino que você também espionou meus conhecimentos de embarque, as novas rotas de navios para informar aos torpedeiros nazistas.

Curt tenta despressurizar o ambiente.

— Você está tendo alucinações, *mister* Thom. Está muito calor hoje, beba um copo d'água.

— Você está desmascarado!

— Julgava que nós éramos amigos.

— Amigos? Se dependesse de mim, você estaria preso.

Curt ergue a voz.

— Por acaso existe algo contra mim? Hein? Vamos, me atribua uma única ilegalidade, uma única mentira!

— Por exemplo, fraudar a própria nacionalidade.

Os dois permanecem alguns instantes em silêncio. Thom bufa. Curt caminha até a janela pensando no que dizer, mas é advertido pelo inglês.

— Saia daí! Está me comprometendo!

— *Come on*, John.

John Thom sacode o memorando assinado pelo cônsul Reginald Hughman.

— Leia! O cônsul exige que o "indivíduo" – você! – seja removido imediatamente do British Club. *Bye-bye*, tênis!

— Pouco me importa, passo muito bem longe das quadras de tênis do British Club.

— Pois terá que passar bem sem os duzentos dólares por mês.

— Duzentos e vinte e cinco! E fiz por merecê-los. Todos ganharam dinheiro com o meu trabalho.

— *Thank you*. Ou melhor: *Danke*! – *Mister* Thom fala com sarcasmo. – Mas agora você está na lista negra e só vai conseguir trabalho nos quintos dos infernos.

— O senhor é muito gentil.

— E o senhor é um maldito *krauts*. Agora cale a boca, preciso despachar os meus navios. Ande, desapareça da minha frente!

Curt caminha a esmo pelas cercanias do porto pensando no que virá. Pelo que pôde ver, cópias do ofício assinado pelo cônsul foram enviadas para a filial da Robertson em São Paulo e à matriz em Boston. Assim, terá seriíssimos problemas pela frente. A montanha-russa de Curt, após uma leve ascensão, volta a entrar em declínio. Quase automaticamente, toma o rumo do hotel. Ao pedir sua chave para o recepcionista, ouve uma notícia ainda mais dramática.

— A polícia esteve aqui. Pediram para ver o seu quarto. Eu disse que só com autorização do gerente. Eles ficaram de voltar. Acho que o senhor está em apuros.

— Seguramente um mal-entendido, não se preocupe. De qualquer forma, feche a minha conta, por favor. Estou saindo.

Curt deve cair fora imediatamente daquele hotel e daquela cidade. Faz as malas rapidamente e pensa nas lágrimas de Maud quando ficar sabendo.

Curt está de volta ao quarto que aluga em uma casa de cômodos na subida da Rua Ceará, em São Paulo. Antes de procurar o senhor Fabio Marengo no escritório da Robertson, precisa escrever a sua mãe, mas está decidido a omitir do relato a parte mais vexatória de sua estada em Recife. Justifica a si mesmo que não deseja preocupá-la, mas, na verdade, sente uma monumental vergonha de como tudo se passou, especialmente do desfecho humilhante.

Liebe Mutti:
Pretendo enviar esta carta via Lati, na esperança de que ela chegue mais rapidamente e também para testar a confiabilidade da linha. Verifiquei que suas cartas de número 47 e 49 não chegaram. Como isso foi ocorrer eu não sei, mas talvez elas tenham sido encaminhadas para mim em Recife e lá não tenham sido entregues corretamente. A propósito, quando estive em Recife, aconteceu o seguinte: a Lati(*) *tem agências próprias em tudo quanto é lugar, menos em São Paulo, onde a correspondência para os aviões da Lati a partir de Recife é entregue à Condor, filial da Lufthansa. Assim, a mala postal levada pela Condor a Recife foi entregue por engano não à Lati e sim à Air France, que provavelmente abriu todas as cartas e não as reencaminhou.*
Em Recife, o Secret Service é extremamente ativo e o consulado de Sua Majestade é cheio de espiões trabalhando com afinco. Talvez por isso também suas cartas que recebi tenham sido esca-

---

(*) Lati – Linhas Aéreas Transcontinentais da Itália, companhia responsável pelo tráfego de correspondências entre o Brasil e a Europa.

moteadas de alguma maneira. O simples fato de eu trabalhar para uma firma americana que claramente tem seu foco principal nos negócios com firmas estrangeiras leva a crer que eu seja "observado" por eles.

Eu fiz hoje uma transferência de 100 marcos à Frau von Tschermack, como presente de casamento, por correio aéreo. Aliás, eu espero que minha querida irmã, juntamente com seu esposo, esteja feliz e com saúde.

Como lhe disse, pretendo ir a Santa Fé e já comuniquei ao tio Walter Clason. Eu recebi anteontem uma carta dele, na qual relata que já me anunciou a vários parentes e conhecidos de lá, o que foi, naturalmente, muito simpático. Ainda não defini uma data bem certa para a viagem, pois ainda tenho muitas coisas a fazer. Provavelmente, se tudo der certo, irei a Iguaçu e a Buenos Aires. Na minha volta, devo retornar ao Norte para inspecionar os negócios por lá.

Eu enviarei amanhã pelo Conte Grande (navio expresso italiano) algumas coisas sem muito valor junto com sabonete e café, para você e os outros. Imagino que serão quatro pacotes de 250 gramas que seguirão a caminho de Stuttgart.

Por favor, de agora em diante, envie minha correspondência à Rua Ceará, 402, não mais para a empresa. Mesmo se for enviar por intermédio de tia Ettie, não quero que nos envelopes conste algo da Robertson.

De resto está tudo bem.
Curt

Ele relê o último parágrafo e percebe o ato falho. A carta foi escrita em uma folha timbrada da Edward Robertson & Sons, a única que tinha à mão.

A filial paulista da Robertson ocupa duas salas no primeiro andar do Edifício Gazeau, no início da Rua Benjamin Constant, junto à Praça da Sé. No térreo funciona a célebre livraria fundada pelo francês August Gazeau, a meca dos livros usados em São Paulo, que há mais de trinta anos abastece estudantes cuja fome de literatura é inversamente proporcional ao poder aquisitivo. Diante do prédio, Curt se dá conta: em três anos jamais pôs os pés na livraria, ocupado demais com a urgência dos negócios.

Curt chega ao escritório sem uma estratégia para a conversa com o senhor Marengo. A bem da verdade, não imagina outro desenlace que não seja sua demissão.

— O senhor Marengo o aguarda. Vou avisá-lo.

Ela abre uma fresta da porta do chefe.

— O senhor Clason está aí – ela anuncia. Em seguida vira-se para Curt e lhe faz um gesto para entrar.

Marengo é um homem pequeno e agitado, que dedica a Curt uma afeição quase paternal.

— Sente-se – o senhor Marengo força um sorriso. – E então?

Curt se mantém calado. O gerente prossegue.

— Bem, você deve estar consciente de que sua permanência na empresa se torna praticamente inviável. Pelo menos, não poderá mais visitar os clientes.

Curt ouve quieto, sem nenhum ânimo para discutir sua situação.

— Não tenho ainda as informações de como a matriz reagiu. Por enquanto, não recebi nenhuma orientação, o que abre uma pequena brecha a seu favor. De qualquer forma, já encaminhei ao departamento de pessoal um pedido de férias em seu nome. Acredite, é o melhor para o momento.

— Estou precisando mesmo – admite Curt, tentando disfarçar o abatimento. – Estou planejando ir à Argentina, onde tenho parentes.

— Ótimo. Deixe o endereço. Eu aviso caso tiver novidades.

Quando Curt está se retirando, Marango indaga:

— Você pensou que ninguém perceberia?

— No início, houve um mal-entendido de *mister* Thom ao preencher a ficha. Acabei assumindo essa condição de inglês imaginando que, quando adquirisse a confiança de todos, eu mesmo pudesse fazer os devidos esclarecimentos, mas agora percebo que foi uma tolice.

— Nessas horas, o importante é não perder a cabeça.

Curt caminha a esmo pela noite paulistana sem rumo e sem a menor ideia sobre o que fazer. Não tem vontade sequer de se embriagar. Vislumbra uma porta com um frontispício pintado em letra cursiva: Leonor. Ingressa no prédio iluminado por uma lâmpada avermelhada. Atrás da caixa registradora, uma mulher opulenta de meia-idade, cabelo vermelho-tijolo, lhe oferece um sorriso cansado. O preço está escrito na tabuleta. Curt alcança a quantia a ela. Em troca, recebe uma chave na qual está preso um pedaço de papelão escrito 21:

— Claudete, segundo andar, primeira porta à esquerda.

Os degraus rangem sob os pés de Curt. Enfia a chave na fechadura do quarto 21. Um rádio sobre a cômoda transmite um samba meloso.

— Claudete?

Ao vê-lo, a mulher levanta-se da cama e lhe estende os braços:

— Venha, meu pombinho, eu farei de você um homem.

Ela ajuda Curt a livrar-se das roupas e o conduz pela mão ao leito. Na cabeceira, um copo de cerveja pela metade.

— Aceita um gole?

A espuma gelada lhe azeda a língua.

Curt deita-se sobre o lençol engomado como um paciente aguardando a operação. Olha para o teto tentando imaginar onde gostaria de estar. Longe dali? Na quadra de tênis do The Pernambuco British Club? Rolando na areia da Praia da Boa Viagem com Maud? A bordo do *Massilia* na companhia da doce Celina Guiñazú, com certeza. No escritório de *mister* Thom, inglês, *of course*? *No. German.* De que adiantaria?

Suavemente, Claudete despe a camisola de linho gasto contorcendo-se na malemolência do samba vindo do rádio:

Esse corpo moreno cheiroso e gostoso/que você tem...

De início tudo parece caricato, mas ele sente no próprio corpo que a dança de Claudete começa a dar resultado.

Esse corpo delgado/da cor do pecado/que faz tão bem

Ela exibe um corpo mulato de seios grandes e firmes, pernas musculosas e um sorriso um tanto forçado. Aproxima-se do cliente e direciona a boca úmida aos seus quadris.

Esse beijo molhado/escandalizado/que você me deu

Claudete é metódica. Curt arfa. Os cabelos dela fazem cócegas em suas virilhas.

— Está gostando? — ela deita-se sobre ele.

A vergonha se esconde/porque se revela/a maldade da raça...

Em instantes, os dois se apalpam mutuamente. De forma brusca, Curt pula sobre ela. Claudete incomoda-se com a afoiteza dele, mas se rende e passa a murmurar as frases picantes de praxe, enaltecendo a virilidade do cliente na esperança de que tudo termine de uma vez.

Esse cheiro de mato/tem cheiro de fato...

Curt age como um autômato descontrolado. Agita-se sobre a moça, que se debate. A cama trepida. Em um movimento acidental a mão dela acerta o copo de cerveja, que se espatifa no chão. O susto faz os corpos se descolarem, um para cada lado. Ofegante, Curt vê seu entusiasmo murchar. Claudete ainda tenta evitar, mas é tarde.

— Logo recomeçamos — ela o consola.

Mas Curt já sabe que isso não vai acontecer. Aos poucos, o ritmo de sua respiração volta ao normal e a melancolia ressurge.

Só sinto na vida/o que vem de você

Claudete não permite que o constrangimento do silêncio se instale no quarto 21 da casa de tia Leonor e começa a falar de si. Que era balconista em Taubaté. Que veio para São Paulo fugida com um namorado. Que logo o namorado a abandonou na pauliceia desvairada. Que não quis voltar ao interior por vergonha. Que consegue serviços eventuais de camareira, faxineira ou atendente de lojas em época de grande movimento, mas quando não arranja "trabalho decente" procura refúgio na casa da tia Leonor. Que tia Leonor é boa para ela, cuida de tudo e é correta nos pagamentos, mas apesar disso Claudete assevera que haverá de melhorar de vida, pois tem persistência e força de vontade, e também porque não é mais a palerma de antes. Que não tem namorado, mas às vezes se afeiçoa a algum cliente e pensa nele quando chega em casa sozinha.

— Vai pensar em mim? – pergunta Curt com uma voz tristonha e logo se arrepende.

— Só vou saber quando chegar em casa – ela responde como se fosse uma obviedade.

— Já vai tarde! – desabafa o delegado Plínio Brasil Milano.

O delegado Theobaldo Neumann estranha, pois o tom não condiz com o temperamento sóbrio do chefe, mas este tem seus motivos para desabafar. A remoção do cônsul Friedrich Ried significa sua maior vitória desde o início da investigação sobre e infiltração nazista no Rio Grande do Sul. O desfecho demorou, é verdade. Logo após a descoberta do radiotransmissor no navio *Rio Grande*, Plínio escreveu, em nome de chefe de Polícia, Aurélio Py, um ofício ao interventor Cordeiro de Farias, denunciando a participação do cônsul no episódio.

O documento chegou às mãos do ministro das Relações Exteriores, Osvaldo Aranha, e deu início a uma intricada negociação com a embaixada da Alemanha, que resistia em afastar Ried, considerado um dos quadros intocáveis na estrutura diplomática do Reich. Os alemães cederam, mas exigiram que a remoção do cônsul fosse tratada como fato rotineiro, sem repercussões na imprensa.

– Para onde mandaram o tipo? – pergunta o delegado Neumann.

– Será cônsul da Alemanha em Nova York.

– Se os americanos entrarem na guerra, não dura dois meses por lá!

Friedrich Ried chegara a Porto Alegre em 1933, logo após a posse de Adolf Hitler. Nas credenciais que apresentou ao secretário do Interior, Miguel Tostes, constavam atribuições muito além da representação consular: *Salvaguardar e intensificar os interesses do Reich, especialmente com referência ao comércio, viação e navegação, zelar pela observância dos tratados estaduais, aconselhar e dar assistência aos cidadãos do Reich, como também aos estados de outros amigos, em assuntos de seus interesses.*

Por "cidadãos do Reich" entendia-se todos os alemães natos e os teuto-brasileiros, pois o Direito alemão baseia-se no *jus sanguinis*. No período anterior ao Estado Novo, Ried empenhou-se na filiação massiva de alemães e descendentes ao Partido Nazista, concentrando seus esforços nos municípios onde o número era mais expressivo. Organizava desfiles grandiosos em datas como 30 de abril, aniversário de Hitler, e 1º de maio. Com a proibição do funcionamento dos partidos, Ried dirigiu suas prioridades à propaganda e ao alistamento de jovens descendentes ao Wehrmacht, em flagrante desrespeito à Lei da Neutralidade.

O consulado atuou como uma poderosa célula do Nationalsozialistische Deutsche Arbeiterpartei (NSADP). Em torno dele orbitavam integrantes de instituições como a Deutsche Arbeitsfront – Frente Alemã do Trabalho –, a Arbeitsgemeinschaft der Deutschen Frau im Ausland – União das Mulheres Trabalhadoras Alemãs no exterior –, a Deutschbrasilianische Jugend – Juventude Teuto-brasileira –, Mädchen im Ausland – Sociedade de Moças Alemãs no Exterior e a Deutscher Kriegerverein – a Liga dos Ex-combatentes, além de clubes sociais e setores da igreja luterana simpáticos ao 3º Reich.

Pelas asas da Condor Syndicat, chegavam jornais, revistas e folhetos de propaganda, com especial destaque à *Deutsche Hausbücherei*, a Biblioteca Familiar Alemã, uma coleção de livros destinados à doutrinação ideológica que os membros da comunidade eram coagidos a assinar.

O delegado Plínio sente um resquício de frustração. Gostaria de ter se defrontado com Ried, mas nas vezes em que o convidou ou intimou para explicar suas atividades políticas, o cônsul fez valer sua imunidade diplomática e respondeu com ofícios desaforados.

– Ried é passado, mas não convém descuidar – Plínio declara aos subordinados. – O Rio Grande do Sul é estratégico para o 3º Reich e eles não irão mandar qualquer um.

Poucas semanas depois, no início de junho de 1940, o substituto de Friedrich Ried concede uma entrevista ao *Diário de Notícias*:

NOVO CÔNSUL DO REICH PERCORRERÁ
OS NÚCLEOS ALEMÃES NO INTERIOR

Chegou quinta-feira última a esta capital o senhor Richard Paulig, novo cônsul alemão creditado ao governo rio-grandense. Ontem, esse titular tomou posse de suas funções à frente dos negócios da Alemanha em nosso Estado. O atual cônsul do Reich vem de ser transferido dos Estados Unidos, onde desde 1933 estava a serviço de seu país. Ocupou ali inicialmente o cargo de chanceler do consulado de Nova York, passando depois a exercer as funções de secretário da embaixada em Washington. Ultimamente ocupava o cargo de cônsul em Nova York, de onde foi transferido para a nossa capital.

— Há dois dias estou em Porto Alegre e já tive a oportunidade de apreciar a sua beleza e o seu encanto. É uma cidade pitoresca cuja atividade comercial desperta, de pronto, a atenção dos visitantes.

Perguntado se já conhecia o nosso país, o cônsul Paulig respondeu que essa é a primeira vez que vem à América do Sul e que tomou contato com a nossa gente durante sua estada no Rio de Janeiro.

Ao falar da colônia alemã no Rio Grande do Sul, aquele diplomata respondeu que é de muita importância por seu elevado número de integrantes.

— Pretendo nos próximos dias visitar as cidades do interior do Estado onde a população de origem alemã é mais numerosa.

Interrogado sobre a guerra, respondeu que preferia, no momento, silenciar sobre esse assunto. Falamos ao cônsul sobre a eventual existência na América, especialmente na região Sul, de atividades nazistas organizadas e obedientes à orientação do Reich. O cônsul respondeu, bem-humorado:

— Trata-se de uma fantasia que não deve ser levada a sério.

— Não perde por esperar, *Herr* Paulig — murmura o delegado Plínio.

Pampaschwermut

Quem toma o trem da Sorocabana Railways na Estação da Luz rumo à pequena localidade de Epitácio Pessoa, no extremo oeste de São Paulo, geralmente não chega ao fim da linha. A maioria dos passageiros desembarca nas cidades grandes que ponteiam o percurso, como Sorocaba, Assis, Pau d'Alho e Presidente Prudente. A cada baldeação, Curt desperta de seu cochilo e se distrai com a arquitetura padronizada das estações e com o entra e sai de passageiros – mais saem do que entram.

Em Presidente Prudente, última parada antes do destino final, ele observa o desembarque de uma mulher já não tão jovem, bem maquiada e de cabelo feito. Usa vestido de festa e carrega uma mala de papelão tão grande que parece conter a sua vida inteira. Exibe um sorriso de dentes grandes e alvos, a evidenciar expectativas consideráveis.

O dia amanhece. A mulher olha ao redor por vários instantes e o sorriso dá lugar a uma certa inquietação. Pousa a mala no chão e confere o relógio da estação, enquanto a plataforma aos poucos se esvazia. Parece não saber como agir. Por fim, senta-se no banco e deixa os ombros caírem como uma espécie de rendição ao abandono.

Curt imagina um *script* para a cena daquela mulher enjeitada numa estação de trem. Sem dúvida, deveria haver quem a recebesse – sua família? Um amante? Uma amiga? Alguém que se esqueceu dela, perdeu o horário ou desistiu de esperá-la? O trem começa a se movimentar e o olhar de Curt vai se afastando da moça solitária, que permanece prostrada em um banco da estação vazia. Curt acomoda-se no assento e retorna ao seu próprio infortúnio.

Durante os três anos em que viveu em São Paulo, Curt saboreou um padrão de vida confortável. Detinha um ótimo emprego, no qual recebia um salário de cinco contos de réis por mês, ao qual agregava rendimentos de seus próprios negócios de exportação diretamente para empresas alemãs.

Trajando ternos bem cortados e gravatas sofisticadas, ele flanava pelo mundo elegante de São Paulo exibindo uma loquacidade incomum para tratar de qualquer assunto com frases espirituosas e uma incorrigível vocação para o *flirt*. Às quintas-feiras, frequentava os concertos musicais da sociedade Pró Arte. Aos fins de semana ou mesmo nas folgas em dias úteis, exibia sua técnica refinada nas quadras de tênis do Sport Club Germânia. Nas festas, brilhava nas pistas de dança pela leveza de seus passos, que lhe renderam o apelido de *Fred Astaire*. Seu estilo galanteador fazia sucesso entre as moças, mas também lhe rendia alguns desafetos, incomodados com seu exibicionismo exacerbado.

O sucesso profissional impulsionava a vida social e vice-versa, mas isso é passado. *A dolce vita* de Curt começou a ruir com a eclosão da guerra na Europa. No dia 1º de setembro de 1939, Hitler invadiu a Polônia e deixou claro ao mundo que não pararia por ali. Imediatamente, a Grã-Bretanha e a França declararam guerra à Alemanha. Getúlio Vargas manifestou a neutralidade do Brasil, mas vários setores importantes da sociedade tomaram partido dos ingleses. Surgiam movimentos de retaliação contra os cidadãos de origem germânica e Curt foi um dos visados. Não era apenas mais um alemão, mas um alemão filiado ao Partido Nazista, uma providência que ele adotara ao se instalar em São Paulo, na crença de que facilitaria sua integração nos grupos teuto-brasileiros – um gesto inócuo, pois alguns meses depois o Estado Novo proibiria o funcionamento de todos os partidos.

Curt ficou sabendo que seu nome figurava no topo de uma lista negra elaborada pelos comerciantes ingleses que dominavam o comércio de algodão em São Paulo. Excluído dos bons negócios, tentou a última alternativa de se naturalizar brasileiro, como muitos de seus conterrâneos estavam fazendo. Reuniu toda a documentação necessária – passaporte, comprovante de residência, atestado de bons antecedentes e certificado de reservista do Exército alemão, porém, ao dar entrada nos papéis junto ao Ministério da Justiça, foi informado de que, em função da guerra, os processos de naturalização estavam demorando mais de um ano, e Curt não dispunha desse tempo.

Diante do impasse em torno de seu funcionário mais lucrativo, o gerente Fabio Marengo julgou prudente tirá-lo de circulação. Providenciou sua transferência para Pernambuco com a justificativa de abrir novos mercados para os negócios da firma.

Os incidentes de Recife reduziram as chances de Curt a um grande deserto. Seus desafetos comemoraram. Quem tomou conhecimento passou a rejeitá-lo. Os que não souberam, logo irão saber e se somarão aos que o difamam, pois fustigar reputações tornou-se o esporte da moda. Agora, ele está praticamente sem emprego e sem amigos.

Se retornar à Alemanha, como deseja sua mãe, *Frau* Emilie, fatalmente será convocado para lutar no front, na condição de suboficial da reserva do Exército, o que, decididamente, não faz parte de seus planos.

Ainda assim, a bordo do trem da Sorocabana Railways, a oportunidade de enfrentar o desconhecido o instiga. Não é como três anos atrás, quando chegou ao Brasil com um vasto território de possibilidades a ser descoberto e usufruído. Depois de tudo que passou, as perspectivas se tornaram mais modestas e o tempo mais curto. Precisa reinventar sua vida e encontrar dentro de si outro Curt para rapidamente sair do terreno movediço em que se encontra, caso contrário irá sucumbir.

Quando alcança o destino final, ao cabo de 800 quilômetros e mais de 12 horas de viagem, o trem está quase vazio. Curt desembarca na modesta estação de Presidente Epitácio e estica as pernas. Dali, consegue enxergar o porto repleto de barcos e chatas carregados de toras de madeira e sacos de cereais. Junto ao ancoradouro principal, um grupo barulhento de pessoas em roupas coloridas tenta ingressar no vapor *Ciudad de Asunción* de forma anárquica, enquanto um homem uniformizado, valendo-se de um megafone, procura colocar alguma ordem naquilo.

São os que, como Curt, compraram o pacote turístico da agência Exprinter e partirão através do rio Paraná até Buenos Aires, tendo a exuberância das Sete Quedas do Iguaçu como momento alto do chamado "cruzeiro das maravilhas". Em geral, são famílias com alto poder aquisitivo, casais em lua-de-mel, aposentados com dinheiro sobrando e alguns poucos aventureiros avulsos – e este é o caso de Curt.

Ele senta-se em uma cadeira dobrável no convés do navio e aprecia a paisagem monótona que, por enquanto, em nada justificava as promessas contidas nos folhetos de propaganda da Exprinter. As duas margens do caudaloso Rio Paraná exibem o mesmo cenário: duas paredes de vegetação densa e rica em folhagens, tendo ao fundo plantações de algodão, milho e trigo. Nesta época de vazante, são visíveis algumas praias ralas e ilhas longitudinais ao longo do percurso que certamente desaparecerão com as cheias de inverno.

Curt acende um cigarro e põe os olhos em três jovens norte-americanas com trajes tão coloridos quanto as araras que revoam às margens do Rio Paraná. Elas apontam a paisagem, batem fotografias, fazem anotações, conversam e riem entre si, junto à murada do convés. Um sujeito gordo e suarento vestindo terno branco e protegido por um chapéu panamá aproxima-se dele munido de um copo de uísque.

– Uma vez, perdi o equilíbrio e quase morri afogado, acredita? Fui arrastado pela correnteza e por sorte fiquei encalhado em uma dessas ilhazinhas. Fosse na época de maré cheia... – ele completa a frase com uma interjeição desagradável. – Permaneci uma semana no hospital para tirarem todos os vermes da minha barriga.

– Teve sorte – Curt comenta.

O homem confidencia:

– Tinha bebido uns drinques a mais – solta uma gargalhada e estende a mão. – Prazer, Karl Hofmanstal.

– Curt Meyer-Clason.

– *Deutsche Freunde*? *Alles gut*! – ergue o copo e bebe um gole considerável. – Pois eu, apesar do nome, sou chileno, advogado para causas justas ou causas desesperadas, o que, no fim das contas, dá no mesmo.

A conversa se desenvolve com um inequívoco protagonismo do advogado chileno, a discorrer sobre a viagem, o mundo e os dilemas do continente diante da guerra.

– Triste destino da América do Sul. Os ingleses nos têm, Hitler nos quer, os americanos nos espreitam com olhos de condor. Nós, sul-americanos, jogamos nossa sorte em um cassino perverso com poucas fichas. Eles, ao contrário, têm muitas fichas e máquinas viciadas operam a favor deles.

Quando encontra uma brecha, Curt muda o rumo da conversa:

— Deixe eu lhe perguntar: como funciona o processo de naturalização do Chile?

— Está interessado?

— Poderia estar.

— *No es difícil*. Bastaria provarmos que seu pai é chileno.

— E como provaríamos que meu pai é chileno?

— Para isso existem os advogados e os despachantes – Hofmanstal sorri com malícia. – Seria um processo tranquilo, sem perda de tempo e sem a necessidade do requerente residir no país.

Curt imagina-se: um alemão que quer ser inglês, vive no Brasil, mas planeja se tornar cidadão chileno, sem falar a língua, sem conhecer o país nem o modo de vida dos habitantes. Seria esta a próxima aventura?

O homem do megafone – sem o megafone – convida os passageiros para um lanche. Curt busca as jovens americanas com os olhos e as enxerga entrando no refeitório, sorridentes como em uma comédia da Metro Goldwyn Mayer. A essa altura, elas já notaram seu interesse.

Ao cruzar a localidade de Guaíra, nada mais do que um amontoado de casebres na margem direita, um rugido entorpecedor vai se avolumando ao longo do percurso. O guia começa a contar em tom grandiloquente que o Salto das Sete Quedas despeja por suas cascatas o dobro de volume de água em comparação com as cataratas do Niágara, na fronteira dos Estados Unidos com o Canadá. Logo, para ser ouvido, ele precisa recorrer ao megafone, pois sua voz vai sendo sufocada pelo infindável estrondo que emana da sequência de cachoeiras gigantescas. As crianças tapam os ouvidos, algumas riem de nervosismo, outras choram de desepero, as americanas tiram fotografias enlouquecidamente. Das profundezas das quedas, emerge uma bruma gigantesca que embaça a visão e molha os trajes dos passageiros.

Ao fim da sequência de cascatas, o vapor ancora no cais de Missiones, diante do Hotel Posadas, onde os passageiros dormirão à noite. O prédio em estilo colonial é repleto de galerias ovais e empregados de aspecto indígena. Curt sobe ao quarto, toma um banho e desce para o refeitório vestindo sua melhor roupa, mas conformado com a perspectiva de dividir a mesa do jantar com o abominável Hofmanstal. Este, no entanto, plantou-se no bar do hotel e não demonstra a menor vontade de sair dali.

Em uma mesa à esquerda da porta do salão, Curt enxerga as três norte-americanas risonhas. Acenam para Curt de uma forma que ele interpreta como um convite para fazer companhia a elas. Ao acomodar-se, troca a pronúncia britânica de Recife pelo sotaque *yankee*.

– *Thanks for invintin'me.*

– *You're welcome. So please don't bring your friend lawyer* – suplica uma delas.

– Não corremos esse risco – ele aponta para o bar onde o advogado se mostra firmemente empenhado em se embriagar.

– Betty – apresenta-se uma delas com um abaninho.

As outras repetem o gesto.

– Maggie.

– Patty.

– Todas nova-iorquinas? – indaga Curt.

– É tão evidente assim?

– Só os nova-iorquinos pronunciam *lier* e *lawer* da mesma maneira.

– Faz sentido – diz Betty, com alguma malícia.

Curt finge uma cara de ingênuo.

— Conheço advogados que não mentem.
— Diga um!
— Deixe eu pensar...
— Pense. Temos a noite inteira — Betty fala e as outras caem na risada.
— Prazer, Curt Meyer-Clason.

Betty bate na mesa com a palma da mão e exibe uma expressão triunfal.

— Alemão. Eu sabia!
— Cometi algum pecado?

Betty aproxima o rosto e fala em voz baixa:
— Achamos que você é espião.
— Da Gestapo! — acrescenta Maggie.

Curt arregala os olhos, depois baixa a cabeça e cobre o rosto com as mãos:

— Fui descoberto! E agora. O que farão comigo? Vão me entregar para o *His Majesty Secret Service*. Não façam isso! Eles são cruéis. Removem as unhas dos espiões capturados! Se alguém vai me torturar, que sejam vocês.

— Vamos pensar em algo bem perverso — brinca Betty.

As garotas não param de rir.

— O que mais descobriram sobre mim?
— Fizemos uma boa avaliação — fala Patty.
— Muito rigorosa — concordam as outras.
— Chegamos à seguinte conclusão: excluindo quem está em lua-de-mel e os que comemoram bodas de ouro, você é o mais atraente do navio.

— Atraente, não. *Charmant* — corrige Maggie.

— Bem, convenhamos que não restaram muitas opções — Curt resigna-se.

— Não pense que a escolha foi fácil — observa Betty. — A votação foi apertada.

– Quem votou contra? – Curt entra na brincadeira.
– Não diremos nem sob tortura.

Em poucos minutos instala-se um clima de cumplicidade entre Curt e as garotas, que se apresentam como agentes de viagem que perscrutam novos itinerários turísticos para uma companhia norte-americana, e falam sem parar de suas peripécias latino-americanas, sublinhando os episódios picantes.

O garçom traz o jantar: carne assada com *papas* fritas e *lechuga flamenca*, acompanhadas de uma jarra de *vino* de Mendoza.

– E você, o que faz?
– No momento, janto acompanhado por três jovens adoráveis de Nova York.
– *No, what's your job*?

Curt explica sua atividade como controlador de algodão. Ante a curiosidade das garotas, repete o truque recorrente de tocar o braço das garotas e usar o algodão como metáfora sensual. Eles fingem excitação de uma forma caricata. Curt lança mão de tiradas espirituosas e obtém em troca boas risadas. A disposição das garotas para se divertir parece inesgotável. Aos poucos, os temas maliciosos adquirem preferência na medida em que se esvaziam as taças de vinho.

Curt está um pouco alto. Na hora de se recolherem, troca olhares e frases de duplo sentido com Betty, a mais espevitada e atraente das três, mas resolve não arriscar. Desde a fracassada noite com Claudete, considera-se um tanto interditado e essa condição impõe o resguardo.

Despede-se das três e retorna ao quarto no repousante estágio de pré-embriaguez. Faz calor. Curt liga o ventilador de teto e começa a tirar a roupa quando escuta três batidas quase imperceptíveis na porta. Só de cuecas, abre uma fresta e vislumbra Betty vestindo um robe atoalhado.

— Interrompo alguma coisa? – ela pergunta.

— Nesse exato momento, eu fazia uma prece ao criador pedindo que ele me enviasse um anjo.

Betty abre o robe.

— Estou à altura de suas preces?

Curt abre a porta.

— O criador acaba de me dar uma prova irrefutável da sua existência, embora eu não mereça tanto.

— Pois faça por merecer – diz Betty ao ingressar no quarto deixando cair o robe pelo caminho.

━━▶

O vapor *Ciudad de Asunción* atraca em uma das pontas do majestoso porto de Buenos Aires. Curt e as três garotas americanas ajudam o pesado Karl Hofmanstal a desembarcar. Quando pisam em terra firme, o chileno aponta para a enorme doca situada no extremo norte do porto.

— Ali está a Dársena Norte. Estão vendo aquele prédio de dois andares? É o Arsenal Naval. Foi ali que o capitão Langsdorff suicidou-se com um tiro na cabeça depois de haver afundado seu próprio navio, o *Graf Spee*, após um confronto com cruzadores ingleses.

As três americanas arregalam os olhos.

— Quem sabe, as lindas mocinhas não incluem o quarto onde deu-se o desfecho mórbido da *Batalla de Mar del Plata* em seu roteiro turístico.

Hofmanstal fala com ironia, mas as jovens levam a sério.

— Acho que devemos visitar o arsenal – diz Maggie, excitada.

Ela e Patty tomam a direção do prédio. Betty despede-se de Curt com um beijo cinematográfico.

– Vá para Nova York! Será bem aceito.
– Vou pensar.
– Se for, me procure – e sai no encalço das amigas.

O advogado sorri com picardia:

– Escolheu bem, mas se ficasse com alguma das outras, não estaria mal.

– Não escolhi. Fui escolhido.

– Uma das melhores qualidades da mulher é o atrevimento, mas elas ainda não sabem disso. Quando descobrirem, estaremos liquidados.

Hofmanstal alcança um cartão a Curt.

– Não se deixe levar pelas aparências. Pareço um beberrão triste e desagradável. Talvez seja. Mas sou muito bom no que faço, não quer dizer que tudo o que faço seja bom. O que é bom no mundo de hoje?

Buenos Aires foi construída sobre uma planície árida, não tem ladeiras relevantes nem belezas naturais a exibir aos visitantes, a não ser o simplório balneário junto ao Rio Tigre. Tudo o que existe na cidade foi criado pela mão do homem, uma infinidade de arranha-céus amontoados na zona central da cidade, as mansões de seus milionários dos arrabaldes e a enxurrada de cabarés, teatros, cafés, cinemas e anúncios luminosos que fazem trepidar a noite platina até as 4 da manhã na *Calle Corrientes*, na *Avenida Mayo*, na *Calle Callao* e na *Florida*.

A crise econômica já dura dez anos, mas não parece abalar o cotidiano febril de Buenos Aires, a primeira cidade da América do Sul a alcançar dois milhões de habitantes, um orgulho e tanto para abastecer a vaidade dos *porteños*.

Curt tem algum dinheiro e se permite passar sua única noite no faustoso Hotel Alvear, no bairro Ricoleta, antes de viajar a Santa Fé. Por uma questão quase protocolar, obriga-se a visitar o escritório da Robertson & Sons no distrito comercial de Buenos Aires, sem um mínimo de esperança de obter algum resultado prático. Dois americanos, pai e filho, de sobrenome De Quincey, o recebem com indisfarçável frieza. Na conversa, revestida de uma fomalidade insípida, Curt arrisca-se a mencionar um eventual interesse em trabalhar na divisão argentina da firma, levando em conta a importância dos negócios com algodão no país.

– Muito interessante, mas no momento estamos bem supridos – retruca o De Quincey velho, sem demonstrar o menor entusiasmo.

Antes que a conversa se estenda, ele ergue-se da cadeira, a indicar educadamente que a visita se encerrara:

– Mantenha contato.

Curt deixa a sala e ouve mais uma porta bater às suas costas.

Da *Estación Ferrocarril Retiro* de Buenos Aires até Santa Fé são mais de seis horas de trem através do pampa argentino. Ao desembarcar, Curt permanece um bom tempo apreciando o prédio monumental que abriga a estação até ouvir uma voz familiar.

– *La Francesa*. Construída pelos franceses no final do século passado. Um dos orgulhos da cidade. Que tal?

– Magnífica.

Walter Clason, um homem graúdo de 55 anos, cumprimenta o sobrinho efusivamente, recolhe sua mala e o conduz pelo braço a uma camionete tão empoeirada que é difícil definir sua cor.

— Então vamos? Temos umas boas duas horas até a *hacienda*.

O veículo manejado com perícia por Walter Clason vence com valentia a estrada de terra batida, desviando-se dos pedregulhos incrustados no caminho.

— O senhor falou em franceses?

— Isso mesmo. Aqui temos franceses, ingleses, alemães, judeus, cada um em sua colônia, mas todos nos damos bem. A guerra deixou as coisas um pouco mais tensas, é verdade, às vezes acontece um ou outro desentendimento em alguma mercearia quando alguém abusa da *caña*, mas nada grave.

Curt contempla a larga planície coberta por plantações de milho e trigo.

— Quando meu pai, o velho Oskar, chegou a Iriondo, mais de 50 anos atrás, tudo isso era um deserto — conta Walter com um gesto largo em direção ao horizonte. — Eles não conheciam nada do lugar, do clima. Olhavam os pumas que andavam pela planície espreitando o gado e pensavam que eram leões. Por isso deram o nome da sede da estância de *Los Leones*. Foram décadas de trabalho árduo permeado de frustrações até chegarmos à prosperidade que hoje podemos desfrutar. Mas fale de você?

Curt relata os percalços dos últimos tempos, mas evita se estender nos episódios mais constrangedores.

— Portanto, o termo "férias" talvez não seja o mais adequado.

— A guerra afeta a todos — Walter contemporiza —, mas no fim das contas sempre se encontra um caminho.

Quando chegam a *Los Leones*, Curt recebe um abraço afetuoso de Madaleine, a esposa de tio Walter, uma mulher elegante que parece um tanto deslocada naquele ambiente camponês.

— Olhe só, Walter. Da última vez que o vimos era um rapazote. Agora, tornou-se um homem feito.

— E a senhora está cada vez mais bonita.

— Já notei que continua o mesmo galanteador.

Curt ficará em *La Alpina*, um casarão para abrigar visitantes, situado a dois quilômetros da sede da *hacienda*, e recebe um *poncho* de lã grossa para se abrigar do frio, que se acentua ao entardecer. À noite, retorna ao convívio dos tios para uma *parrilla*, assada em uma grelha suspensa com canaletas para que a gordura da carne não pingue sobre o carvão.

Após o jantar ele e tio Walter sentam-se diante da lareira.

— Sobraram muitos Clasons por aqui? — Curt indaga.

— Só eu. Éramos seis irmãos e vários primos. Passamos a infância em *Los Leones*, mas aos poucos fomos saindo para estudar na Alemanha. Alguns ficaram por lá, outros emigraram para os Estados Unidos. Tenho irmãos que não vejo há mais de vinte anos. Como sabe, possuo outros negócios na Alemanha e fico aqui normalmente dois ou três meses por ano. Desta vez, a guerra criou muitos problemas, portanto, tive que permanecer mais tempo, quase meio ano.

— Problemas nos negócios?

— A verdade é que a Argentina vivencia um ciclo perverso. A indústria é fraca e o país depende da exportação de carne, alguma coisa de trigo e algodão, mas principalmente a carne. Com o *crash* da Bolsa de Nova York, a Argentina perdeu o mercado norte-americano. Veio a Guerra Civil da Espanha e perdemos os espanhóis. Agora, com a guerra, estamos afastados de nosso maior cliente, a Inglaterra.

— Não me parece lógico que quase toda a carne da Argentina seja vendida para a Inglaterra — pondera Curt.

— É uma longa história. Antes do *crash* da Bolsa, a economia inglesa era muita vinculada aos Estados Unidos. Para suportar a Grande Depressão, o Reino Unido decidiu importar produtos apenas de suas antigas colônias, como a Austrália, o Canadá e a África do Sul, entre eles, a carne. Seria um desastre para a economia argentina. Uma missão comandada pelo presidente Augustin Pedro Justo foi ao encontro do príncipe Eduardo de Windsor suplicar para que os ingleses continuassem comprando carne argentina. Para isso, se submeteram a um acordo humilhante. *De rodillas*, como se fala por aqui. Aceitaram tudo o que a Grã-Bretanha exigiu: liberação de impostos para a entrada de produtos ingleses, compromisso de não autorizar frigoríficos de capitais nacionais e mais: eles estipulariam o preço da carne nas operações de exportação. Outra coisa: na negociação, o governo argentino entregou o controle de todos os meios de transporte público à empresa britânica Transport Corporation.

– Os ingleses jogam duro.

– Nós, alemães, bem o sabemos. E você, o que pensa em fazer da vida? – pergunta tio Walter servindo um copo de vinho tinto.

– Não me restam muitas opções.

– Pretende ficar na Argentina?

– Tenho que ir aonde sou aceito.

– Não alimente grandes expectativas por aqui. Com o recrudescimento da guerra, surgirão listas negras excluindo comerciantes alemães, se é que já não existem. Além disso, as coisas andam muito paradas, a economia estagnada e o povo deprimido. Por trás dessa flegma, o argentino tem uma vocação inapelável para a tragédia. Ouça o que eu digo. Dentro de cada argentino há um tango. Não falo de quem está no campo, esses gostam de terra, cavalo, vaca, trabalho braçal de sol a sol. Falo dos *porteños*.

– O que o senhor sabe dos portenhos?

— *Soy argentino*, não esqueça. Nasci aqui. Passei uma parte da minha juventude nos cafés e nos bordéis de *la Boca*. Conheço bem a alma do argentino.

— E nós, alemães, tio Walter? Qual é a nossa alma?

— Vou lhe explicar – ele aponta para a esposa que está na cozinha orientando as empregadas. – Madaleine detesta isso aqui. É uma mulher refinada, gosta de sofisticação, teatro, cafés, boas lojas. Ele preferia estar na Alemanha, na nossa casa em Bremen, jogando bridge com suas amigas, perto dos filhos e netos. Mas veio comigo. Eu disse que não precisava me acompanhar, mas ela veio. Não reclama, não joga na minha cara. Eu procuro compensar. Passamos alguns fins de semana em Buenos Aires, vamos ao Teatro Colón, fazemos compras, dançamos.

Curt nota o afeto com que seu tio olha para a esposa com uma ponta de inveja. Walter Clason serve mais dois copos de vinho.

— Agora eu pergunto, Curt, por que você acha que ela veio? Eu respondo. Porque considerou que era sua obrigação acompanhar o marido. Ela é uma legítima alemã, estoica, disciplinada. Sua mãe é da mesma estirpe, meu rapaz. *Frau* Emilie tem essa determinação inabalável para o sacrifício. Essa é a essência dos alemães da qual infelizmente Hitler soube tirar proveito.

— O senhor é contra Hitler.

— Não nego que me empolguei com o nascimento do 3º Reich. Hoje, tudo me parece um gigantesco despropósito. Veja a minha situação. Sou um alemão nos confins da América do Sul que exporta para os ingleses que, por sua vez, estão em plena guerra contra o *meu* país. Os navios que levam a minha mercadoria para a Inglaterra correm o risco permanente de serem afundados pelos bombardeiros e submarinos do *meu* país. Um absurdo contrassenso, não acha?

Curt desfruta uma vida de *gaucho* na *Hacienda* Clason. Walter e Madeleine retornaram à Alemanha após alguns dias, deixando um vazio que Curt preenche com longas cavalgadas pela friagem do pampa argentino. Ajuda os peões a marcar o gado a ferro quente, aprende a tirar leite de vaca, participa de *parriladas* e torneios de laço, frequenta bodegas próximas, passeia por Santa Fé. Aos domingos, comparece aos cultos ministrados pelo pastor luterano Philip Kamps, o qual, veio a saber, fora condenado pela Gestapo ao ostracismo por se recusar a elogiar os líderes nazistas.

À noite, senta-se solitário diante da lareira, sob um cobertor grosso, acompanhado por uma garrafa de vinho e imerso em uma espécie de melancolia confortante. Não há prazos a cumprir, não há urgências a enfrentar, não há negócios a resolver, nem garotas a conquistar. Não se escutam buzinas ou apitos de navios, nem música ou gargalhadas histriônicas, apenas o crepitar da lenha no fogo e o assovio do vento pelas frestas da casa, que instalam uma atmosfera primitiva no casarão habitado por um único ser vivo com a única preocupação de esvaziar sua mente, sem palpite sobre o seu porvir e mergulhado em uma letargia cuja duração só ele poderá estipular.

Neste período, Curt recebe duas correspondências. Um telegrama de Fabio Marengo confirma sua demissão, mas pede que o procure, pois tem uma proposta que "talvez o interesse". A outra é uma carta de sua mãe, queixosa porque ficou sabendo de sua situação pelo tio Walter. Após desfiar lamúrias maternais, *Frau* Emilie aconselha o filho a entrar em contato com um sujeito chamado Erich Immers, conhecido dela, o qual poderá ajudá-lo em São Paulo.

Ao fim de dois meses de seu *Pampaschwermut*, Curt sente-se revigorado e em condições de retomar seus desafios mundanos.

Em meados de julho, Curt está de volta a São Paulo. Sob a porta de seu quarto na pensão da Rua Ceará encontra um bilhete de um sujeito chamado Eduard Arnold pedindo que o procure no Hotel Aurora para tratar de "assuntos de interesse comum". Mas, antes, ele tem um compromisso no edifício Gazeau.

– Tenho uma possibilidade que pode interessá-lo – propõe o senhor Marengo, com a boa vontade estampada no rosto. – Porto Alegre.

– O que faria eu em Porto Alegre?

– Nosso concorrente está se instalando no Rio Grande do Sul e a matriz está preocupada. Pediram uma alternativa. Pensei em você.

– Que ironia! A empresa dispensa meus préstimos e logo me recontrata para resolver um problema localizado.

Marengo sacode a cabeça.

– A Robertson está fora dessa combinação. Por enquanto, é uma opção pessoal minha e seria um trabalho comissionado. Um fixo de mil réis, é pouco, eu sei, e percentuais a combinar sobre futuros negócios. Se as coisas acontecerem como imagino, será vantajoso para você. Avalie essa possibilidade.

Dali, Curt dirige-se à Rua Tymbiras, 520, no bairro Santa Efigênia, e pergunta por Eduard Arnold, na portaria do Hotel Aurora. Em alguns instantes, o sujeito está diante dele.

– Posso chamá-lo de Hans?

– Curt, se não se importa.

— Há quantos anos você está no Brasil, Curt?
— Quatro anos, um pouco mais.
— Incrível que ainda não nos conheçamos.
— São Paulo é muito grande.
— Mas já ouvi falar muito de você, o bambambã do setor de algodão.
— Atualmente, um bambambã desempregado.
— Sobre isso que quero conversar. Mas antes deixe eu contar uma história.

Eduard Arnold relata que viajou à Alemanha em outubro do ano anterior para concretizar a venda de 50 mil caixas de laranja para a firma de Eugene Atte, de Hamburgo, que lhe renderia um lucro considerável, algo em torno de 50 contos de réis. Antes de embarcar, um sujeito chamado Herbert von Heyer, da seção de fretes da embaixada da Alemanha no Brasil, sugeriu que ele procurasse em Berlim um homem chamado Jobst Raven, o qual estaria interessado na importação de bananas.

Chegando a Hamburgo, Arnold telegrafou ao tal Raven. Alguns dias depois, enquanto fechava o negócio das laranjas, o sujeito foi ao seu encontro. Em vez de tratarem de exportação de bananas, a conversa derivou por outro caminho.

— Percebi que o tal Raven estava sondando meu sentimento diante da política alemã. Achei conveniente enfatizar o meu germanismo herdado dos pais, embora tenha nascido no Brasil.
— Foi convincente?
— Raven mostrou-se satisfeito e só então apresentou-se como tenente do Oberkommando der Wehrmacht, o Alto Comando das Forças Armadas, lotado no escritório responsável pelas relações econômicas com o exterior.

Raven pediu que Arnold passasse a lhe enviar jornais brasileiros e informações sobre temas de interesse da Alemanha, especialmente notícias políticas, o movimento de vapores e embarque de mercadorias para a Inglaterra. Raven instruiu Arnold a procurar em seu nome o diretor da Allgemeine-Elektrizitäts Gesellschaft (A.E.G.), Albrecht Engels, pois aguardava com ansiedade a resposta sobre um determinado assunto que tinham em comum. Em troca, ofereceu seus préstimos para facilitar os negócios de Arnold na Alemanha.

— Para mim, era um acordo vantajoso. O comércio exterior da Alemanha, que antes se vinculava ao Ministério da Economia, agora encontra-se sob o controle do Alto Comando.

Eduardo Arnold retornou ao Rio de Janeiro imbuído de suas novas funções. A primeira: postar sete cartas destinadas a pessoas de Buenos Aires, México e Guatemala, pois obviamente Jobst pretendia ocultar sua procedência. Feito isso, dirigiu-se ao prédio da A.E.G. na Rua General Câmara, 130.

— A simples menção do nome de Jobst Raven foi abrindo portas até o segundo andar, onde fica a sala de Albrecht Engels.

Curt escuta o relato de Eduard Arnold imaginando em que momento ele próprio será introduzido nessa história.

— Engels é um tipo grande, de aspecto grave, desses que não deixa o interlocutor plenamente à vontade. Perguntou como estava "nosso amigo Raven". Respondi: "Como todos nós, empolgado com o novo momento da nossa pátria-mãe". Então, lhe transmiti o recado de Jobst Raven. Engels disse: "Deve ser sobre o radiotransmissor". Eu não quis passar por desinformado e confirmei, embora até então não tivesse a menor ideia do que se tratava.

— Bem, ainda não entendi onde eu entro nessa história.

— Eu chego lá. Engels me pediu para telegrafar a Raven uma mensagem que ele escreveu em um pedaço de papel: *Máquinas em más condições pt Faltam peças pt Favor telegrafar.*

Arnold conta que, depois disso, saiu de férias com a esposa e a filha em Petrópolis. Ao retornar, providenciou sua mudança para São Paulo, onde passaria a negociar por intermédio da firma Kieling, com sede no porto de Santos. Nas horas de folga, se dedicava a recortar as notícias dos jornais para enviá-las a Raven pelo correio.

— Na ânsia de mostrar serviço, escolhi uma variedade ampla de temas que, imaginei, pudessem interessar. Certa vez, recebi uma sutil advertência de Raven, esclarecendo que eu deveria me concentrar unicamente em notícias sobre embarques de mercadorias para a Inglaterra, nome dos navios e os produtos transportados.

Arnold havia perdido o contato com Engels até que uma noite, no início de maio, ele reapareceu no hotel à sua procura, acompanhado de um desconhecido. Pediu para conversarem em algum lugar mais reservado. Inicialmente, indagou se Arnold não estaria tendo muita despesa com o envio das notícias a Raven.

— Respondi "nada demais", mas ele insistiu. Eu disse que nunca havia pensado em contabilizar o trabalho, mas Engels buscou a carteira no bolso do casaco, retirou algumas notas perfazendo o total de 3 contos de réis, mais do que o salário fixo que eu recebia na Kieling. Tentei recusar, mas ele sacudia as notas na minha frente com irritação. Fui obrigado a aceitar, mas confesso que me senti um tanto humilhado.

O detalhismo da narrativa de Arnold testa a paciência de Curt. A certa altura, ele interrompe:

— Senhor Arnold, ainda não compreendo o propósito desta conversa.

— Calma, escute. Engels comunicou que as coisas mudariam um pouco dali para a frente e finalmente me apresentou ao seu acompanhante, o major Erich Immers.

Curt sente o impacto. "Procure um homem chamado Erich Immers", dizia a carta de sua mãe.

— A partir dali — Arnold prossegue — todas as informações estariam concentradas em Immers, um homem de confiança de Jobst Raven, segundo me disseram.

— Bem, continuo não entendendo...

— Quando Engels nos deixou, Immers confidenciou a mim que estava em missão clandestina no Brasil.

— Qual missão seria essa?

— Quais são seus planos, Curt? — Arnold muda bruscamente de assunto.

— Estou avaliando uma proposta de trabalhar em Porto Alegre.

— Porto Alegre? Ótimo.

— Mas estávamos falando de uma certa missão clandestina do major Immers.

— Por enquanto não posso avançar nesse assunto, mas aí é que você entra.

— Eu?

— Na conversa, esse Immers disse que eu deveria localizar Hans Curt Meyer-Clason com urgência.

Curt sente-se empurrado para um lugar nebuloso, mas encontra um consolo: sua mãe não o colocaria em risco.

— Não disse do que se trata?

— Pediu para eu combinar uma conversa entre vocês.

Curt dá de ombros.

— Bem, vamos então ver o que o major Erich Immers tem a dizer.

Curt não gostaria que o encontro ocorresse no Clube Germânia, mas teve que se resignar. Quando esteve lá pela última vez, após os eventos de Recife, foi tratado como um pária. Quase ninguém falou com ele e sequer encontrou parceria para o tênis. No dia marcado, ao cair da tarde, ele caminha pelas instalações do clube rumo ao restaurante, invejando os que se divertem jogando tênis nas quadras iluminadas. Alguns o cumprimentam com discrição, outros fazem questão de expressar hostilidade.

Eduard Arnold o recebe na porta do restaurante com um sorriso aberto e um abraço exagerado, como se fossem camaradas de longa data. Ao ingressarem no salão ainda vazio, Arnold abana para um homem sentado a uma mesa do canto e põe a mão no ombro de Curt como se estivesse exibindo um troféu. Curt dirige-se à mesa, mas percebe que Arnold não o acompanha. Vira-se para ele.

– Depois conversamos – Arnold acomoda-se a uma mesa distante.

Herr Immers é um homem de 40 anos, de aspecto rude, daqueles que mesmo quando se esforça para ser gentil, deixa transparecer alguma falta de traquejo.

– Vamos pedir?

Immers examina o cardápio e sugere carne de porco com batatas fritas.

– Para mim está bem.

– Cerveja?

Curt concorda.

Immers desfila suas opiniões gerais sobre a política brasileira, arriscando especulações sobre a futura posição do Brasil quanto à guerra.

– Getúlio Vargas é um pêndulo entre Góis Monteiro, nosso aliado, e Osvaldo Aranha, um americanófilo, como se sabe. No fundo, está convencido de que a nossa vitória será melhor para o Brasil, mas age com prudência. É esperto o suficiente para manter a neutralidade até o momento em que a solução do conflito estiver próxima. Aí, escolherá quem estiver ganhando.

— Talvez ele esteja esperando pelos americanos.

— Os Estados Unidos apoiarão a Inglaterra, mesmo que não entrem diretamente no conflito. Esse auxílio já está acontecendo, e aí reside o ponto de nossa conversa.

O garçom traz o jantar. Curt imagina qual seria a relação deste homem com sua mãe, mas, por enquanto, evita perguntar.

— Eu nasci no Brasil, meu jovem, mas fui oficial alemão na grande guerra patriótica. Participei da batalha de Marne, já ouviu falar? Uma carnificina.

Curt conhece a história da mais sanguinária das batalhas. Seu pai a contava com os olhos esbugalhados, 150 mil mortos, meio milhão de feridos, fragorosa derrota alemã.

— Depois da guerra, voltei ao Brasil, me estabeleci como negociante, mas acompanhava as notícias preocupantes, a pátria mergulhada no caos. Recentemente, fui ativado, você sabe o que é isso?

Curt imagina o que seja.

— Consta que você é um oficial da reserva, meu jovem.

— Suboficial da reserva — corrige Curt.

— De qualquer forma, é membro da Wehrmacht. Você trabalha para uma empresa americana, estou certo?

— Trabalhava — ele responde e pensa: "Impossível que ele não saiba da lista negra e todas as consequências".

— Tem algo em vista?

— Estou pensando em abrir meu próprio negócio no Sul.

— Muito bem. Só por curiosidade: por que no Sul?

Immers tem os olhos fixos em Curt.

— Passei por alguns percalços em função da guerra. A vida

dos alemães não está fácil, como o senhor deve saber. Por aqui, não tenho muitas opções.

— Você é patriota?

A pergunta desconcerta Curt.

— Sim, me considero um patriota.

— Não falo do patriotismo retórico, o amor pela pátria que todos juram ter. Na situação atual, o patriotismo ganha outra dimensão, que só pode ser medida pela cota de sacrifício que cada tem a dar pela nação, compreende?

— Imagino que sim.

— Dois conhaques — Immers pede ao garçom e prossegue. — Seu pai foi um herói da grande guerra patriótica, o tenente-coronel Hans Clason, um homem de muita fibra e alguma sorte. De cada dez homens de Ludwigsburg que foram à guerra, só três voltaram para casa. *Herr* Clason foi um deles. Ludwigsburg, uma cidade de viúvas como tantas na Alemanha.

Uma recordação de infância faísca na mente de Curt. Uma cidade de muitas mulheres e poucos homens.

— Sua família levava uma vida confortável, mas após a guerra foi à bancarrota, estou certo?

— Meu pai foi um bom militar, mas não possuía astúcia para os negócios.

— Não culpe seu pai! — *Herr* Immers bate na mesa. Os frequentadores do restaurante viram-se para ele. Immers percebe e baixa o tom, um tanto contrariado: — Seu pai não teve culpa alguma. A Alemanha toda foi à ruína, sufocada pela rendição humilhante imposta pelos franceses e ingleses. Não podemos perder isso de vista! Quem se deu bem foram os espertalhões, os especuladores, os judeus, que quase destruíram a Alemanha com o seu egoísmo.

Curt sente-se oprimido pela eloquência do major.

— Sua família foi obrigada a se mudar para Stuttgart e sobreviveu graças à ajuda de parentes, mas também porque havia um esteio. *Frau* Emilie, uma mulher admirável.

A menção à mãe provoca-lhe um arrepio.

— O senhor a conhece? — Curt finge surpresa, pois ainda não está disposto a revelar a mensagem que recebeu de sua mãe na Argentina.

— Quem no partido não ouviu falar de *Frau* Emilie? Mesmo com o marido um tanto transtornado, ela criou o filho amado e as duas filhas, Margret e Charlotte, com uma energia elogiável. Mulher admirável. Quando chegou a grande mudança, ela tornou-se uma hitlerista de primeira hora.

Um casal passa por eles. Beatriz, a ardente e insaciável Bea, vira-lhe o rosto, mas o acompanhante Fritz Morgener, um funcionário graduado do consulado alemão, não. Dirige a Curt um olhar triunfal e põe a mão no ombro dela como atestado de posse. Immers se diverte com a cena.

— Estou um pouco surpreso com... — Curt tenta tomar o assunto, mas Immers mostra-lhe a palma da mão.

— Calma, vamos falar de você, *jeune Freund*. Traga dois conhaques — ordena ao garçom. — Onde estávamos? Ah, sim. Aos 18 anos, você ingressou no Bund Wicking e ali permaneceu com ótimo desempenho surrando os comunistas nas brigas de rua. Vamos convir: havia sobradas razões para sua mãe colocar esperanças em você.

"Não sinto nenhum orgulho dessa época", Curt diria se estivesse em uma conversa normal, mas não é o caso.

— Com 25 anos — prossegue Immers — filiou-se às Sturmabteilung, as gloriosas S.A., as tropas de assalto do partido.

Curt precisa cortar essa corrente de transmissão que o intimida. "Ingressei na S.A. apenas para agradar meu pai", tem vontade de dizer, mas fica quieto.

— Uma carreira imaculada de um jovem hitlerista. Mas há alguns pontos a serem esclarecidos, antes de prosseguir no nosso assunto. Seu afastamento das S.A. não está suficientemente justificado.

"Com a morte de meu pai, me senti desobrigado de seguir carreira militar". Em vez disso, justifica:

— Os cursos militares estavam cada vez mais extenuantes. Exigiam um preparo que eu não possuía. Como vê, não chego a ser um modelo de ariano – Curt tenta ser irônico, mas não funciona.

— Mas como? – Immers abre os braços com as palmas das mãos para cima. – O senhor é um atleta. Participava de competições de equitação, *hockey, volley,* natação, tênis... O tênis, principalmente.

Curt escuta, nostálgico, o barulho das rebatidas vindo das quadras da Germânia.

— Era outro tipo de atividade, sem exigência de disciplina.

Immers pede que o garçom leve os pratos vazios e traga mais conhaques.

— A verdade, meu jovem, é que você não conseguia conciliar as três coisas: o trabalho profissional, as tropas de assalto e a vida boêmia, as noitadas, as mulheres. Pose de galã, um dançarino de primeira. *Fred Astaire*, não é como o chamavam? Foi relapso com as S.A., correu o risco de expulsão. Felizmente, a brava *Frau* Emilie interviu para preservar o filhote de uma punição mais dura. Ainda lhe conseguiu um posto de suboficial da reserva.

Curt pede para ir ao banheiro. Ao levantar-se, experimenta uma leve tontura. Caminha cuidadosamente os vinte metros até o sanitário. Seu cérebro começa a divagar. "O que estou fazendo aqui, tratando de assuntos já enterrados sob os auspícios de um membro do Oberkommando?"

Ao retornar à mesa, passa pela mesa de Bea e imagina ter recebido um sorriso secreto. A essa altura, o salão da Germânia está repleto. "Onde estávamos?".

– Eu fazia o que os jovens da minha idade faziam – ele tenta se eximir das culpas imputadas pelo major Immers.

Este abre um sorriso de cumplicidade.

– Não pense que estou condenando. Não! Qual o jovem que despreza os prazeres da vida? Eu mesmo, se lhe dissesse o que fiz... Mas agora você é um homem adulto, de 30 anos. De qualquer modo, a sua vocação para a vida social talvez seja útil para a missão que pretendo lhe confiar, se chegarmos a um acordo.

Missão, a palavra temida finalmente aparece.

– Veja minha situação, *Herr* Immers. Estou metido em uma autêntica inquisição. Minha vida pregressa está sendo exposta sem que eu saiba qual o propósito disso tudo.

O garçom aproxima-se.

– Mais um conhaque, senhor?

– Deixe a garrafa – ele ordena e vira-se para Curt. – Preciso de uma prova convincente sobre até onde irá seu patriotismo antes de avançar no assunto que me trouxe aqui. Por exemplo: 1936, a Alemanha vive o seu esplendor. Você tem um bom emprego na firma de seu tio Ernst, a Clason, Burger & Cia, em Bremen. Repentinamente, decide deixar a Alemanha e se aventurar no Brasil, um país desconhecido. Não foi uma atitude que se esperaria de um autêntico alemão.

– Eu tinha curiosidade de conhecer outros lugares. Havia me especializado em classificação de algodão e soube que uma empresa norte-americana procurava alguém jovem que se dispusesse a trabalhar no Brasil. Considerei uma boa oportunidade de desenvolver minha atividade, conhecer o mundo...

— É razoável – admite Immers, enquanto enche os copos, mas logo volta à carga. – No entanto, nas férias do ano passado preferiu ir à Inglaterra e não à Alemanha.

— Fui a Stuttgart e revi minha mãe e minhas irmãs – a voz de Curt sai meio enrolada.

— Mas passou a maior parte do tempo em Londres.

— Poderia ser Paris ou Viena. Era outro momento, não estávamos em guerra – justifica Curt.

— Recentemente, você foi enviado pela firma norte-americana para Pernambuco. E lá, estranhamente, se fazia passar por cidadão inglês. Como explica?

Curt bebe um longo gole de conhaque.

— Foi um mal-entendido. O encarregado da filial julgou que eu fosse inglês e colocou na guia.

— E você ficou quieto – Immers ri, com malícia.

— Ouça, *Herr* Immers. Quando cheguei a Recife, percebi que o ramo de algodão estava nas mãos de ingleses e americanos. Um alemão não teria chance, a cidade está cheia de agentes do serviço secreto inglês.

— Você foi atrevido, devo admitir. O que *Frau* Emilie pensaria desse tipo de comportamento?

— Não reneguei minha cidadania, como o senhor está insinuando – Curt sente sua dignidade afetada e tenta reagir. – Logo ao chegar a São Paulo, uma das primeiras coisas que fiz foi filiar-me ao Partido Nazista.

— Alguns se filiaram por convicção, outros por conveniência.

— No meu caso, não era necessário. Fui um militante ativo. Participei das reuniões, comparecia aos desfiles do 1º de maio, no aniversário do *Führer*... Aliás, com o tempo a filiação só me foi prejudicial, basta ver a situação em que me encontro.

Immers solta uma risada condescendente.

– Não siga por esse caminho. Estou informado de que a humildade não é o seu forte, portanto, a deixemos de lado. Vamos direto ao ponto. Minha missão é neutralizar qualquer forma de ajuda destinada à Inglaterra, usando todos os meios possíveis. O Rio Grande do Sul pode ser uma base estratégica ainda não suficientemente explorada.

– Ainda não entendo aonde o senhor pretende chegar.

– Necessitamos de toda e qualquer informação: atividades comerciais, perfil das empresas para saber em quais podemos confiar, movimento dos navios, mercadorias exportadas para a Inglaterra, tudo o que for útil. Você será o nosso homem em Porto Alegre, caso aceite.

– Espionagem? – Curt fala mais alto do que devia. Immers leva o dedo indicador à boca.

– Não vamos usar palavras tão incisivas neste momento. Por enquanto podemos denominar obtenção e envio de dados.

– Não creio que dê certo. As coisas não estão fáceis.

– Porto Alegre é diferente – Immers retruca. – Nossa causa tem grande apoio na sociedade. Contamos com muitos camaradas engajados propagando a nossa doutrina, mas precisamos de alguém especial, com cérebro e desenvoltura para introduzir-se nos meios empresariais, estabelecer relacionamentos e obter as informações que necessitamos.

Curt entorna mais um cálice de conhaque.

– O senhor há de convir que algo desse tipo nunca me passou pela cabeça. Por enquanto, estou pensando como encontrar meios de sobrevivência.

– A compensação não existe, se é isso que você está insinuando – advertiu Immers. – Esperamos sua prontidão incondicional. Quanto ao seu sustento, nosso amigo Arnold ficará encarregado dessa parte. Aliás, você se reportará unicamente a ele e ao cônsul da Alemanha.

O conhaque subiu à cabeça. Curt tem dificuldade de ouvir o que Immers está falando e mal consegue fixar a sua imagem. No último resquício de lucidez, percebe que está na hora de abreviar a conversa.

– Tenho que pensar.

– Negativo! – Immers bate na mesa e atrai os olhares dos frequentadores. – Não há tempo a perder. Ou aceita ou está fora.

Curt baixa a guarda, o que Immers interpreta como uma aceitação.

– A propósito, já lhe enviei saudações de sua mãe? – Immers pergunta ao se despedir. – Ela está bem, ainda está de pé, como voluntária da Ausland Deutsches, vinte e quatro máquinas de costura, quarenta e oito ajudantes em torno dela. Ficará orgulhosa de saber o resultado da nossa conversa.

Erich Immers levanta-se com dificuldade. Arnold o ampara:

– Deixe a conta comigo – o major enrola a língua.

Curt cambaleia até a porta do restaurante. Ao sair, agacha-se a um canto e vomita na parede o lombo de porco, as batatas fritas e muito conhaque.

O *Araraquara* inicia uma guinada à direita, contornando o bucólico farol branco acomodado sobre um conjunto de pedras descomunais, tendo uma densa floresta como moldura. Curt acompanha a cuidadosa manobra com os cotovelos apoiados na mureta do convés, as duas malas já feitas, pronto para dar o fora dali tão logo o navio ancore no cais de Porto Alegre. Ao cabo de seis dias de uma sacolejante viagem desde o Rio de Janeiro, em poucos minutos ele pisará em terra firme para um novo e incerto recomeço em sua vida.

Através de um estreito de menos de um quilômetro, o navio do Lloyd Brasileiro ingressa nas águas caudalosas do Guaíba, no contrafluxo de uma tênue correnteza, enquanto nas margens as águas repousam serenas e inabaláveis como num lago. Curt observa distraído as exuberantes colinas cobertas de vegetação que sobem a partir de praias estreitas e enseadas, interrompidas por faixas pontiagudas de pedras e mato espesso que avançam sobre as águas. Por vezes, consegue enxergar às margens animais exóticos de pelo avermelhado circulando à vontade como se fossem donos da paisagem.

Acende um cigarro. Duas mulheres conversam perto dele sobre algo no campo das intimidades pela excitação que demonstram. Troca um rápido olhar com uma delas, que não se sustenta.

Curt sente-se sendo jogado no centro de um tufão do qual ele fugiu a vida inteira, pois implica em responsabilidades consideráveis. Após a conversa etílica no Clube Germânia, ainda demorou um mês antes da mudança para Porto Alegre. Acertou com Eduard Arnold um código para ser usado nas correspondências confidenciais entre os dois e esteve novamente com Erich Immers no Rio de Janeiro para uma espécie de *training* sobre formas de conduta e assuntos a serem priorizados no fluxo das informações. Curt ficou particularmente interessado no método de escrita invisível, que utiliza comprimidos Pyramidon, um remédio para enxaqueca, diluído em água.

Curt dá uma longa tragada e joga o toco do cigarro no rio. As moças já não estão por perto e as montanhas da margem vão ficando para trás. Já se percebe sinais de civilização: alguns casebres de madeira e barquinhos a gasolina dos quais pescadores lançam suas redes na esperança de fisgarem algo para o almoço. O *Araraquara* contorna uma península demarcada por uma enorme chaminé, que se sucede a uma fortaleza – quartel ou presídio? – e aproxima-se do porto repleto de armazéns amarelos com cumeeiras e telhados em forma triangular. No lado contrário, uma sucessão de ilhas de espessa vegetação cria uma paisagem única e fascinante.

O vapor encosta com dificuldades entre a fileira de embarcações atracadas no cais. Estivadores carregam mercadorias acondicionadas em caixas, barris e sacos de estopa que são transportadas para o interior dos navios com guindastes amarelos. Curt comparece à alfândega para registrar sua chegada. Dali, dirige-se ao pórtico do cais, de onde se vê prédios imponentes de estilo germânico, sem dúvida.

– Por obséquio, onde fica o Novo Hotel Jung – ele pergunta a um sujeito que parece despachante.

– É um edifício grande de esquina, atrás da Praça 15.

– Aquela? – Curt aponta para uma área verde entre os edifícios.

– Não, aquela é a Praça da Alfândega. A Praça 15 é para lá – ele aponta para a esquerda. – Não é longe, mas se a mala estiver pesada é melhor pegar um auto de praça.

O Hotel Jung fica a um canto de um belo cenário no qual despontavam o exuberante Mercado Público e a encantadora Praça 15, onde reina um chalé sextavado. Na portaria do hotel, o recepcionista confere a ficha de hospedagem preenchida por Curt. Ao ler a nacionalidade do novo hóspede, tenta descontrair a conversa.

– Tem sorte de não estar na guerra.

– A guerra está em todo lugar.

O tipo repôs os olhos na ficha.

– Comerciante? O senhor vai gostar de Porto Alegre. Mesmo com a guerra ainda se pode fazer bons negócios por aqui. Pretende ficar muito tempo?

– Depende.

— Dos negócios?

— Da guerra — Curt fala sério, mas logo abre um sorriso. — Não se impressione. É só um jogo de palavras. Noto que os funcionários são todos alemães ou descendentes.

— O patrão prestigia os conterrâneos.

— Faz bem.

Curt escolhe um quarto de solteiro no terceiro andar, com banheiro privado, telefone na cabeceira, estufa a vapor e vista para a Praça 15 de Novembro, através de duas janelas estreitas, ao preço de 35 mil réis a diária. Ao subir, acompanha com admiração os movimentos resolutos do rapaz parrudo, espécime exemplar de ariano, que carrega suas malas como se fossem de papelão.

— Qual o seu nome?

— Bernhard.

Curt o elogia com uma generosa gorjeta. Quando o rapaz sai, o alemão examina a peça sem grande entusiasmo. Deita-se na cama um tanto dura, mas decide não permanecer muito tempo por ali. Desce ao *hall* do hotel. Sobre a mesa, uma edição do *Diário de Notícias* com a manchete: *HITLER DELIBERA — Convocados os líderes alemães esta madrugada.*

Curt dirige-se à rua.

— Se o senhor vai demorar é melhor levar um agasalho — adverte Bernhard. — No final da tarde, vai esfriar bastante.

— Só quero dar uma volta. O que você aconselha?

Bernhard aponta para o prolongamento da Rua Marechal Floriano.

— Subindo por ali, a primeira travessa é a Rua da Praia. É o símbolo de Porto Alegre. Tudo funciona em torno dela.

A princípio, Curt decepciona-se com a famosa Rua da Praia, que lhe parece acanhada em comparação às ruas importantes de outras cidades. "Está mais para Rua do Ouvidor do que para Avenida Rio Branco", ele avalia. O entardecer realça a luminosidade das vitrines que se sucedem ao longo do percurso: moda feminina, joias, calçados, a famosa Livraria do Globo, bazares, magazines, agências de viagem. A estreiteza do leito da rua só comporta uma fila de automóveis estacionados junto ao meio-fio e outra fila em que os veículos se arrastam em um congestionamento que parece não ter fim.

O caos está instalado na esquina com uma larga avenida cujo espaço é disputado por automóveis, ônibus e bondes. Os pedestres se aglomeram à espera do semáforo. Curt segue adiante e vai formando suas primeiras convicções: 1) a cidade tem muitos alemães; 2) as mulheres são belas e recatadas; 3) o entra e sai das lojas comprova uma interessante avidez de consumo.

Novos tipos de estabelecimentos aparecem no caminho: casas lotéricas, cursos de datilografia, corretoras de seguro, mas as butiques estão em folgada maioria. A certa altura, ouve estalos de bolas de bilhar mesclados com o aroma tentador de charuto vindos do interior de um lugar chamado Taco de Ouro. Uma multidão se concentra diante do Cine Central, sobre o qual brilha um luminoso, *Rebecca*, ladeado pelas fotos de Laurence Olivier e Joan Fontaine. Defronte ao Central, o Rex oferece um programa duplo: *Ilhados em Paris* e um desenho do Pato Donald.

Curt caminha ladeando a Praça da Alfândega. Do outro lado da rua, enxerga mais dois cinemas. O Imperial, no térreo de um grande edifício, anuncia a comédia norte-americana *As quatro esposas*. A seu lado, o Guarany ostenta uma arquitetura barroca de bom gosto e oferece um curioso programa duplo: *A mulher fatal,* com a francesa Michele Morgan, e *A aviação militar alemã,* em parceria com o Ministério da Aviação do Reich, como esclarece o anúncio.

Está frio. Curt dá meia-volta e ingressa no Café Central, vizinho ao cinema que exibe *Rebecca*. Um pianista corpulento tira notas sublimes do piano com seus dedos grossos. Curt começa a gostar da cidade.

O número 57 da Avenida Júlio de Castilhos é um prédio de dois pavimentos com um grande arco oval na fachada. Subindo dois lances de escada chega-se ao escritório de Oscar Berwanger, que ocupa um andar inteiro. Berwanger demonstra ser um homem desconfiado quando Curt lhe alcança uma espécie de carta de recomendações assinada por Eduard Arnold.

– Tenha a bondade – oferece a cadeira diante de sua mesa. – Vieste muito bem recomendado. Tenho feito bons negócios com Arnold. Em que posso ajudá-lo senhor... – Berwanger olha o papel – Clason.

– Pode me chamar de Curt. Estou aqui para ajudar. O senhor Arnold está agora vinculado à Kieling, uma firma muito conceituada junto à embaixada alemã que pretende incrementar sua presença no Rio Grande do Sul. Minha função é agilizar esses contatos, especialmente visando às exportações de produtos como algodão, amendoim e oleaginosas, buscar novos negócios e trabalhar para que todos nós possamos usufruir.

– Ótimo, mas do ponto de vista prático, eu não tenho como empregá-lo. Nossa equipe já está completa e...

– Não se incomode. Necessito, por enquanto, de uma mesa e sua autorização para utilizar a caixa postal da firma. Nada mais.

Oscar Berwanger reúne os empregados a apresenta o novo parceiro. Oferece a Curt uma mesa dotada de telefone, máquina calculadora, tinteiro e um livro comercial para registrar suas atividades. Antes de assumir seu posto, o diretor o chama para um último assunto reservado.

– Já deixei claro a Arnold e quero que fique bem combinado entre nós. Não quero, sob hipótese alguma, ser informado de qualquer atividade que extrapole os negócios da minha firma.

– Já estou ciente dessa combinação, não se preocupe.

Com duas semanas de Porto Alegre, Curt escreve à mãe:

Meine liebe Mutti:
Eu me encontro desde 6 de agosto aqui em Porto Alegre. Atualmente, estou ainda no hotel. Estou procurando uma pensão, o que é muito difícil, visto que as poucas boas estão lotadas. Porto Alegre é uma cidade de quase 300 mil habitantes, bem importante como cidade comercial, mas, apesar de seu tamanho, não deixa de esconder seu caráter provinciano. A ornamentação de suas vitrines e o método de povoação, a qual é composta de uma forte porcentagem de descendentes de alemães, deixa transparecer isso claramente. A paisagem, a arquitetura das casas e o ambiente são bem diferentes das zonas ao norte do país, e o passeio para fora da cidade, dos quais há diversos bem atraentes, embora não existam boas estradas de passeio como na Alemanha, apresenta-nos pequenas colinas e vales com povoações espalhadas, o que é encantador. A temperatura, o clima em si, assemelha-se a Rippoldsau quando da minha última visita em sua companhia, no fim de outubro de 1936: frio, úmido e ensolarado, se bem que nas horas do meio-dia torna-se calor.
No hotel, o qual é apenas regular, existe aquecimento a vapor, uma coisa que só vi na Argentina, onde, na verdade, o inverno é

mais rigoroso. Temos agora, como temperatura mínima, zero grau. O Rio Grande do Sul é a terra da devotada, aplicada e limpa população de influência alemã (quando digo "limpa" tome por conta muito condicionalmente), com forte exportação de lentilhas, feijão, arroz, banha, gado, fumo, comércio de couros e peles e assim por diante, tudo mais ou menos nos bastidores médios. Mais além, possui uma pequena e forte indústria, principalmente em artigos de couro, fazendas e todo o tipo de fiação. A maior parte dos negócios está na mão dos alemães.

Ouve-se pouco o idioma alemão das ruas, porém vê-se nos nomes e na descendência alemã que naturalmente em seus lares falam todos o idioma alemão. Conheci pessoas cujos avós já nasceram aqui, mas falam o alemão relativamente bem, quanto mais se tomarmos em conta que a maioria nunca esteve na Alemanha. Tive algumas recomendações e travei relações com alguns teuto-brasileiros, tudo gente cativante, simples e sem pretensões. São simpáticos e agradáveis, e aliam o "charme" dos brasileiros às qualidades dos alemães. Puseram de lado os defeitos dos alemães, sendo muito mais simples em suas qualidades, mas muito "pró-alemão". Assim, se a gente se mistura no aspecto natural – não intelectual – do sistema caseiro, torna-se agradável após o expediente ou aos sábados antes do almoço tomar um chope com eles.

Isso é benéfico, ainda mais que não é necessário a gente ouvir os nojentos e "gargantas" alemães do Reich lá do Germânia de São Paulo, que tentam se sobressair brilhantemente como estrategistas que desejam arrendar a contemplação do mundo nacional-socialista nas mesas de chope. Aqui, onde o povo ao menos sente igual o germanismo – e, note bem: tiveram tempos ruins, pois, apesar da nacionalidade brasileira, tiveram que sofrer por muito tempo por conta de sua descendência –, são todos teuto-brasileiros a favor de Hitler e desejam a vitória alemã.

Financeiramente, escorreguei e os bons tempos de São Paulo já se foram. Mas isso, no fim das contas, não é nada, pois meu olhar mais do que nunca é dirigido à Alemanha. Enquanto tudo estiver bem com vocês, minha mãe e minhas irmãs amadas, me conformo. Só que a gente aqui no exterior se encontra tão sozinho e quanto mais velho fica, tanto mais difícil de se alcançar um mundo desirable. Sie transit gloria mundi.

Para meu aniversário não será possível, mas para o Natal conto como certo estar com vocês em Stuttgart.

Muitos desejos e saudações.

Seu,

Curt

A banda executa a canção regionalista *Campo Vicente*, tendo como destaque o acordeonista Armando Alves, sob a batuta do maestro Leopoldo Haag, seguida de pelo menos duas centenas de pessoas. Ao se aproximar do número 740 da Avenida Bordini, crescia a empolgação do coreto. Da janela, Lúcia Caldas Milano:

– Estão chegando!

– Quero ver, mamãe! – grita a filha mais velha, Lilá.

– Vamos lá fora – Lúcia olha para o marido. – Que cara é essa?

– Só quero que isso acabe de uma vez – o delegado Plínio responde.

– Bobagem. Relaxa e aproveita.

– Vamos, papai! – Lilá puxa o pai pela mão.

A família atravessa o jardim até a calçada para acompanhar a chegada do périplo. Plínio é cumprimentado por lideranças empresariais da Zona Norte da cidade ao som de um *Parabéns a você* executado com capricho pela retreta. Guido Mondim toma a palavra.

— Fizemos questão de vir até sua residência em cortejo, na sua data natalina, para manifestar nosso reconhecimento pelo trabalho profícuo e dedicado que desenvolveu quando dirigiu a Delegacia do 4º Distrito. Modelo de honradez e modéstia, o senhor, doutor Plínio, soube conquistar e ampliar a admiração do povo rio-grandense. Na órbita de suas profícuas atividades, são muitos e notáveis os serviços que estarão para sempre inscritos na história da nossa Polícia. Seus atos na complexa e árdua lide policial, embasados na sólida formação jurídica, demonstram que os interesses do Estado não podem prescindir da noção de justiça, da fraternidade popular e da colaboração coletiva. Receba, portanto, doutor Plínio, o nosso mais profundo reconhecimento e a nossa mais fraterna amizade.

Estonteado, Plínio pronuncia palavras triviais de agradecimento e logo é convocado a seguir com a turba rumo à Sociedade Ginástica Navegantes para um almoço de confraternização. Antes das três da tarde, ele pede licença para se retirar, pois outra comemoração o aguarda na sede do Grêmio Gaúcho, no longínquo bairro Teresópolis, do outro lado da cidade.

Chegando ao salão, é saudado com acordes musicais, agora de uma orquestra afinada, sob uma efusiva salva de palmas de cerca de 300 convidados. Identifica gente da Polícia, dirigentes de órgãos públicos, jornalistas e pessoas do mundo da cultura. Plínio vê, contrariado, alguém conduzir Lúcia e as crianças para uma mesa ao fundo do salão, enquanto ele é colocado na cabeceira da mesa principal em forma de U junto às autoridades, quase todas trajando uniformes militares.

Plínio já havia almoçado, mas é obrigado a dar algumas garfadas do churrasco servido em sua homenagem. Por volta das quatro e meia, todos se levantam. "O fim do martírio está próximo", imagina Plínio. O chefe de Polícia, major Aurélio Py, com as bochechas rosadas e a língua mais solta do que o habitual, acerca-se dele trazendo um séquito de jornalistas.

– Quando começamos a campanha contra o Partido Nacional-Socialista, isso três anos atrás, nos disseram que iríamos espetar o capeta com vara curta, lembra, doutor Plínio? Naquela época, tínhamos dois extremismos perigosos a enfrentar.

Aurélio Py bebe um considerável gole de cerveja e prossegue:

– Com os comunistas não tivemos maiores problemas – ele faz um gesto de desprezo.

– Realmente, não se vê mais comunistas por aqui – concorda o repórter do *Diário de Notícias*.

– Graças à clarividência política do presidente Vargas. Sem lutas, sem sangue e sem ódio, o problema trabalhista foi equacionado. Assim, atendidas as justas pretensões dos operários e prevenida a nossa juventude contra as artimanhas dos agitadores, o esquerdismo ficou sem mercado para o seu comércio subversivo.

– Um brinde ao presidente Vargas – alguém grita.

– No entanto – prossegue Aurélio Py –, nos encontramos frente a um adversário mais ousado, agressivo e perigoso, o extremismo de direita. Quando recebi do coronel Osvaldo Cordeiro de Farias essa missão árdua de combater os extremismos, não titubeei em chamar esse homem aqui, que já vinha se destacando pela sua dedicação, sua inteligência e seu dinamismo.

Ele bate com a mão pesada no ombro de Plínio.

– Um brinde ao aniversariante!

– Viva! Saúde!

– Em que pé estão as investigações, doutor Plínio? – pergunta o diretor da *Revista do Globo*, Justino Martins. – Não há nada que possa adiantar sobre o andamento do trabalho?

– Os amigos irão compreender que essa investigação é confidencial e, portanto, não seria recomendável tratar do assunto nesse momento, não é mesmo, major?

– Sem dúvida. Quando for a hora adequada, tudo virá a público. No entanto, faço questão de afirmar uma coisa: cutucamos, sim, a onça com vara curta. E a onça grande foi banida de nossos pagos, vocês sabem a quem me refiro. Deu trabalho, mas foi desmascarado a tempo.

– O cônsul Ried?

– Foi rugir em outra freguesia – ele solta uma gargalhada.

Discretamente, Plínio dá dois passos e posta-se atrás do grupo de jornalistas. Dali, dirige um olhar ao major sugerindo moderação.

– Já falei demais, culpa da cerveja – declara o chefe de Polícia. – Longa vida ao nosso brilhante delegado Plínio Brasil Milano e que Deus lhe dê sabedoria e saúde para prosseguir nesta nobre missão.

Curt cruza a Praça 15 e depara-se com a balbúrdia instalada diante dele. Automóveis e carroças disputam espaço com bondes de cor amarelo queimado com frisos roxos que vêm e vão, enquanto um guarda com duas filas paralelas de botões brilhantes sobre o uniforme escuro apita incessantemente e movimenta os braços para pôr alguma ordem naquilo tudo. Atrás desse movimento impõe-se uma fortaleza com a mesma coloração dos bondes, certamente o Mercado Central.

Ingressa no prédio e é invadido por uma sucessão de odores que se alternam conforme o que está exposto nos balcões

– peixes, temperos variados, carne salgada, erva-mate, fezes de aves barulhentas presas em gaiolas. Um negro magérrimo lhe pede esmolas. Um mulato gordo lhe oferece jogo do bicho. Curt atravessa o prédio pelo corredor central até chegar aos arcos internos no quadrante correspondente à Avenida Júlio de Castilhos.

Ali, funciona informalmente uma espécie de bolsa de mercadorias, sob os arcos internos do Mercado Público. Os vendedores postam-se junto aos seus produtos à espera dos compradores. Entre eles operam os *zangões*. Caminham nervosamente em torno das mesas, observam os interessados, puxam assunto e tentam adivinhar os seus desejos. Quando conquistam a confiança deles, basta aprestantá-los aos vendedores para, desta forma, fazerem jus ao percentual de 3% quando o negócio é concluído. Os preços são estipulados na hora, de acordo com o volume dos estoques disponíveis e o maior ou menor interesse pelos produtos. Por incrível que pareça – Curt admite maravilhado –, aquele sistema espontâneo de gritos e barganhas dá resultado.

Nos arcos do velho Mercado Público, Curt aprende como as coisas funcionam em sua nova cidade. Para incrementar seus lucros, tem o cuidado de criar uma empresa, A Controladora, não sem antes pedir aquiescência de Eduard Arnold, para que todos os negócios da Kieling, a repesagem e a eventual análise de amostras, fossem realizados por ela. "Seria mais vantajoso para o comprador de além-mar, pois os embarques seriam realizados com mais controle e os interesses dos clientes seriam defendidos com mais atenção", argumentou.

O esforço compensa. Em poucas semanas, Curt fecha duas transações de exportação significativas: 500 sacos de arroz para o La Guayra, no Paraguai, através da empresa de Oscar Berwanger, e cem toneladas de óleo de girassol para a

Kieling, com destino à Alemanha, por intermédio de Eduard Arnold em São Paulo. As mercadorias são embarcadas no navio *Rio Grande*, da Companhia Hamburguesa, o mesmo que meses atrás fora alvo de uma investigação por suspeita de espionagem.

Por cada um desses negócios, Curt recebe duas comissões, uma pela corretagem da venda e outra pelo controle de qualidade dos produtos, através da sua firma. Na excitação pelos bons resultados, comete um deslize ao preencher as guias e recebe uma reprimenda do senhor Berwanger:

– É rude assinalar os centavos em uma negociação desta monta.

De São Paulo, Arnold transfere mais de 20 contos de réis da Caixa Econômica para a conta aberta por Curt no Banco da Província.

– Não é justo! Ele chegou no mês passado e já ganhou o dobro do que eu como agente! – exclama o senhor Berwanger, bêbado, bochechas vermelhas, ao brindarem os bons negócios com uma cervejada no Café Suíço.

Os bons tempos de São Paulo estão de volta. A vida de Curt novamente se encaixa nos trilhos da prosperidade. Com dinheiro no bolso, ele instala-se em uma pensão sofisticada na Rua Capitão Carvalho, 219, uma quadra abaixo das mansões da Avenida Independência, e consegue mobiliar seu novo quarto com escrivaninha e máquina de escrever Royal portátil, mesa de chá, poltrona, sofá-cama, cortinas e uma eletrola Telefunken para ouvir seus discos de jazz, mas o melhor está por vir.

Na revendedora da DKW, o funcionário alisa a lataria do automóvel como se fosse um bicho de estimação obediente.

– O senhor é solteiro? Pois este é o predileto das senhoritas apreciadoras de um auto elegante, mas seguro. A maravilha dos automóveis da DKW. Dois lugares, o assento do passageiro com espaldar movediço – ele revela com um acento malicioso – e um porta-malas grande, próprio para viagens. Perceba o envoltório de latão e de aço da carroceria com cores distintamente escolhidas, o teto conversível de fácil manejo. Pode alcançar 85 quilômetros por hora e anda 20 quilômetros com um litro de gasolina.

– E quanto à quilometragem?

– Baixíssima. Menos de 5 mil quilômetros rodados. O antigo proprietário só o utilizava nos fins de semana, portanto, o amigo vai adquirir um auto quase novo pelo preço de um usado.

Nem precisaria tanto palavrório. Curt está seduzido pelo DKW Kabriolet 1937 bege e, graças aos bons negócios, dispõe dos dez contos de réis para comprá-lo à vista. Sobra dinheiro para ir às compras na Rua da Praia: três ternos novos na Casa Senior, algumas gravatas no magazine Allen e uma nova raquete Dunlop na Casa Sport.

Curt volta a jogar tênis, ora no Valhala Klub, ora no Turner Bund, e a partir daí começa a ampliar seu ciclo de amizades influentes com industriais, negociantes, banqueiros, incluindo aí o novo cônsul alemão, Richard Paulig.

Os negócios com a Edward Robertson, contudo, não prosperaram. Nas primeiras semanas, Curt tomou um avião da Varig até Ijuí e de lá seguiu de automóvel a Santo Ângelo, principal zona produtora de algodão no Rio Grande do Sul. De volta a Porto Alegre, escreve um relatório ao senhor Marengo: *O algodão lá cultivado não é especialmente bonito, uma densidade não muito favorável e com boa vontade se poderia classificar como quarta classe pelo* standard *de São Paulo. A safra deste ano foi fraca e quanto à próxima não se pode fazer um bom cálculo, mas por certo não chegará a cem toneladas.*

Em comum acordo com o senhor Marengo, Curt decide suspender sua colaboração com a Robertson no final de setembro, quando já conta com uma outra fonte de renda fixa. Foi designado preposto de Waldemar Ruschel, um dos sócios da Casa Alemã de Móveis, cargo que vai lhe render um conto de réis por mês.

Curt envia relatórios a Eduard Arnold através de um código, conhecido apenas pelos dois e por Erich Immers, para burlar a censura postal do Estado Novo. A primeira demanda ele cumpre com brilho. A Kieling & Cia. quer saber com quem está lidando e solicita confidencialmente informações sobre a tendência de empresários teuto-brasileiros do Rio Grande do Sul em relação ao 3º Reich. Curt vai a campo. Com habilidade, começa a sondar junto aos seus novos amigos as inclinações dos capitães de indústria gaúchos. Em poucas semanas, está apto a responder à solicitação da Kieling. Escreve um relatório, utilizando a solução de Pyramidon:

Arthur Schiehl & Cia – teuto-brasileiro. Muito pró-alemão; Caleffi Menegotto & Cia – ítalo-brasileiro, tendência pró-Eixo; Edmundo Dreher & Cia – teuto-brasileiro, intenção francamente alemã; Fetter & Cia – dois irmãos de tendência pró-alemã; Frederico Mentz & Cia – todos irmãos de descendência alemã e de sentimento alemão; Müller Transcheit & Cia – alemães, ok; Reinaldo Roesch & Cia – teuto-brasileiros. Aparentemente em ordem; Matte & Berwanger Ltda. – teuto-brasileiros e 100% alemães; Seibel & Cia – um alemão do Reich e dois teuto-brasileiros são os sócios. Sem dúvida 100% alemães; Arthur E.

Schaefer & Cia – teuto-brasileiros, livres de objeção; *A.Knorr & Cia* – pai e filho, sentimento completamente alemão; *Guilherme Ludwig* – teuto-brasileiro, aparentemente em ordem; *Fernando Tatsch & filhos* – idem; *Bopp, Sassen, Ritter & Cia* – teuto-brasileiros de sentimento alemão; *Raul de Lima Santos & Cia* – seu sócio Oscar Bohrer é presumivelmente pró-alemão; *A.J. Renner & Cia* – descendente de alemães, completamente pró-3º Reich; *Refinaria Brasileira de Óleos e Graxas S.A.* – diretor Hugo Born de descendência alemã, sócio do cônsul Lang; *Ebling e Husch* – teuto-brasileiros; *Arrozeira Brasileira Ltda.* – seu diretor, o senhor Kessler, é inimigo de Hitler; *Álvaro Santos & Cia* – luso-brasileiro, pró-aliados; *S/A Moinhos Rio-grandenses* – pertencente a Bung e Bern. Desnecessário comentar; *Ernesto Bulau & Cia* – descendente de alemão, anti-Hitler; *Raul G. Dias* – brasileiro, negócios com a Inglaterra, talvez com mais tendência para os aliados; *Erico G. Mello* – presumivelmente no mesmo caso; *Emilio Bercht & Cia.* – Bercht é descendente de alemães. Tem sócio inglês. Possivelmente não é de sentimento exclusivamente alemão. *Orlandini & Cia* – descendência italiana, pró-aliados; *Costi Irmãos & Cia* – descendentes de italianos, negociam com a Inglaterra e com a Alemanha. Orientação desconhecida; *Rizzo Irmãos e Cia* – mesmo caso anterior.

Feito isso, sobre o texto invisível ele escreve a máquina uma carta convencional a Eduard Arnold, tratando de dados genéricos como cotação de produtos, estatísticas de comercialização e números gerais sobre a produção gaúcha. Duas semanas depois, Arnold responde: *Efetivamente, nosso serviço secreto trabalha bem. Mas também é de real importância contarmos no Sul com um jovem portador das suas qualidades. Como vê, nos complementamos e disso deverá resultar algo.*

O Hotel Descanso está quase vazio, como os demais hotéis de Iraí, pois a procura dos turistas pelas águas termais ocorre no verão. Nos meses frios, a cidade assume uma palidez que nem de longe aparenta ser o foco de espionagem que o delegado Plínio Brasil Milano supõe, com base na quantidade de súditos alemães com atividades suspeitas que ali residem.

A equipe do Dops partiu de Porto Alegre às quatro horas da madrugada. Às 10 da manhã, os dois automóveis estão estacionados diante do Hotel Descanso, um prédio que mistura madeira e alvenaria localizado em uma travessa da rua principal. O delegado Plínio toma a dianteira.

— Por favor, chame o proprietário, senhor Bernardo Maahs.

— Ele ainda não acordou — responde uma mulher de meia-idade, com forte sotaque alemão.

— Pois vá acordá-lo.

— O senhor Bernhard não gosta de...

— A senhora tenha a fineza de chamá-lo.

— A quem devo anunciar?

— Polícia.

Quinze minutos depois, Maahs aparece com o rosto inchado de sono. Saúda os visitantes com um gesto preguiçoso e contrariado.

— Conversei com a Polícia umas semanas atrás. Já esclareci as dúvidas que existiam sobre a minha pessoa. Não sei no que mais posso ser útil.

— O senhor conversou com os colegas de Cruz Alta, que faziam uma investigação preliminar. Agora, a coisa mudou de figura. Nós viemos de Porto Alegre. Sou o delegado Plínio Brasil Milano, diretor do Dops.

— Diretor do Dops! Acho que os senhores estão me dando uma importância exagerada.

— Não se subestime. Podemos conversar?

Maahs conduz o delegado Plínio até seu escritório, uma sala pequena em torno de uma mesa tomada por recibos e cadernos dispostos de maneira desordenada. O policial caminha diante da prateleira que acomoda uma boa quantidade de livros em alemão e vai lendo as lombadas: *Der Bolschewismus Als Totengraeber, Volk und Heimat, Deutschland zwischen Tag und Nacht, Die Schoene Heimat.*

— Vejo que o senhor é leitor. Parabéns.

— Gosto de estar informado sobre as coisas na minha pátria — Maahs fala com algum cinismo.

— O senhor é filiado ao Partido Nazista da Alemanha?

— Não é crime.

— E também é oficial do Exército alemão.

— Da reserva. Também não é crime.

— Não, mas estranho que o senhor não esteja no *front*, lutando pela sua pátria e seus ideais.

— É estranho que uma autoridade policial da sua estirpe se preocupe com isso.

— Minha preocupação é outra. Dispomos de informações suficientes para acreditar que o senhor exerce atividades ilegais de propaganda e espionagem, o que confronta a Lei da Neutralidade.

— Não tenho a menor ideia do que o senhor está falando — agora Maahs demonstra nervosismo.

— Consta que o senhor é amigo do cônsul Friedrich Ried, aliás, ex-cônsul.

— Também não é crime algum se relacionar com o representante diplomático de seu país. O cônsul Ried sempre foi muito atencioso com os interesses dos súditos da nossa pátria, tanto que foi promovido para atuar em Nova York.

— Promovido! — o delegado solta uma risada de desprezo. — O cônsul Ried foi enxotado do Rio Grande porque coordenava as ações ilegais em favor do Reich. O senhor vai negar que escrevia relatórios a Ried criticando líderes das comunidades teuto-brasileiras?

— Achei que era minha obrigação.

— Denunciou os que não julgava suficientemente nazistas! — o delegado está na ofensiva. Maahs fica em silêncio. — O senhor reunia grupos de pessoas para ouvir as alocuções da *Rádio de Berlim*.

— O direito de reunião é garantido...

O delegado o interrompe.

— Decreto-Lei 479, artigo 2º, inciso 4. Sei de cor: organizar reuniões radiofônicas com o fim de propaganda entre compatriotas de ideias, programas ou normas de ação de partido político a fim de obter adesões. Sujeito a expulsão do país.

— As pessoas vêm porque querem. Ninguém é obrigado.

— Temos vários depoimentos que o acusam de coação. Da mesma forma, obtivemos testemunhas que o denunciam por distribuir jornais e revistas de propaganda nazista.

Bernardo Maahs fica em silêncio, com os olhos fixos em algum ponto em sua mesa.

— Com que autoridade o senhor promovia o alistamento militar de alemães ou filhos de alemães?

— Apenas ajudei a viabilizar o alistamento de quem pretendia servir à pátria.

— Lei da Neutralidade, artigo 4º: é crime passível de expulsão promover o alistamento militar a favor de país beligerante.

— Acabou? — Maahs tenta ser irônico, mas sua voz soa como um insulto.

— Vamos tratar de seu amigo Wolfgang Neise.

— Falem vocês mesmos com ele! Deve estar em seu quartinho, de ressaca — Maahs desabafa.

— Consta que é seu funcionário, atua como *chauffeur* e faz

outros pequenos serviços. Um empregado de luxo, pois sabemos que ele é filho de Franz Ferdinand Neise, chefe do Ministério Público do 3º Reich e amigo pessoal de Adolf Hitler. Sem falar que esse Wolfgang exerceu um cargo de grande responsabilidade nas Tropas de Assalto, em Berlim.

Bernardo Maahs esfrega as mãos:

– Wolfgang só me traz incômodos, eu já devia tê-lo demitido.

– Por que não o fez? Aliás, é uma resposta que toda a comunidade de Iraí quer saber.

– Pouco importa o que digam!

Wolfgang Neise é encontrado em um pequeno aposento nos fundos do hotel. Dorme seminu em uma cama de casal acompanhado de uma jovem cuja beleza atrai os olhares dos policiais que ingressam no quarto. Ela cobre-se com um lençol. Neise demora um pouco para acordar.

– Vistam-se! – ordena o delegado Plínio.

A jovem vira os olhos para os policiais. Plínio pede para seus agentes saírem do quarto e adverte o casal:

– Vocês têm cinco minutos!

Os dois custam um pouco mais do que cinco minutos para deixar o quarto. A moça olha para o chão, mas Wolfgang mantém a cabeça erguida e uma aparência de deboche.

– Sua graça? – o delegado Plínio pergunta à jovem.

– Sigrid.

– E o que você faz, Sigrid?

– *Trabajo en la embajada alemana en Buenos Aires.*

– É minha amiga. Veio me visitar. Algo errado?

– Com ela, não tenho certeza. Com você, é bem provável. Vamos ter uma boa conversa.

– Vá para o seu quarto – Wolfgang ordena a Sigrid como se fosse dono da situação.

O delegado leva Wolfgang para a recepção do hotel e, discretamente, pede a um dos agentes que faça uma varredura no quarto do alemão.

— E então, senhor Neise. Estou curioso para saber o que uma pessoa tão ilustre faz em um lugar tão acanhado como Iraí.

— Gosto de conhecer novos recantos. Já viajei por toda a Europa, África e as três Américas. Agora estou aqui, amanhã em outro lugar. Minha vida é assim.

"É um falastrão", o delegado percebe.

— Só em Iraí, já são dois anos. Não é muito?

Wolfgang solta uma risada cínica sem tirar os olhos do policial.

— É problema meu.

— Pois, então. Fale-me dos seus problemas, Neise. Deve ter uma vida cheia de emoções e aventuras.

— Não posso me queixar.

— Mas aposto que não tem muito interesse nos destinos da Alemanha, pois está aqui nessa quietude enquanto seus compatriotas estão envolvidos numa luta sangrenta contra os ingleses.

O alemão transfigura-se.

— Você está enganado! Sou um nazista fervoroso! Amo a minha pátria.

— Não parece.

— Fui das Tropas de Assalto. Surrei muitos comunistas, matei um, se quer saber, fui até processado por isso.

— Estou impressionado.

— Matei alguns traidores também. Já ouviu falar da Noite dos Longos Punhais?

O delegado Plínio sabe do que se trata. Logo após assumir o poder, Hitler mandou executar dezenas de membros divergentes do Partido Nazista, incluindo o chefe das Tropas de Assalto, Ernst Röhm.

— Eu estava lá! Fiz parte do grupo que prendeu aquele pederasta do Röhm no quarto do hotel, aquele balofo desprezível e um soldadinho raso, os dois nus em cima da cama, uma vergonha para as S.A. No dia seguinte, o mataram, e fizeram bem.

— Oh, estou diante de um herói! — o delegado finge-se deslumbrado. — Mas ainda acho que um soldado como você deveria estar na guerra, espetando a baioneta nos *tommies*, não é como vocês chamam os ingleses?, levando tiro, desviando de minas e não nessa vida mansa, águas medicinais, namorada argentina, bebedeiras sem fim. Bem, talvez você não seja tão valente assim.

Wolfgang bufa.

— Soube que só no último Ano-Novo você gastou um conto de réis em champanha. Daria para embriagar um batalhão. Outro dia, torrou 500 mil réis no Jogo do Bicho.

— Estou trabalhando pela minha pátria em outra frente.

Plínio faz uma cara de desconfiança que irrita ainda mais o alemão.

— Muito bem. Vamos conversar sobre isso. O que seria? Recrutar ouvintes para as transmissões da *Rádio de Berlim*? Distribuir propaganda nazista?

Wolfgang faz que sim com a cabeça.

— Pressionar colonos a se alistarem no Exército alemão? Fazer uma ponte de informações com os nazistas argentinos?

O alemão tem os olhos assustados.

— Você está preso, Wolfgang Eberhard Neise, por crime de espionagem. Vamos levar você e seu generoso patrão Bernardo Maahs a Porto Alegre para uma temporada no Cadeião, antes de expulsá-los do país para que nunca voltem a dar as caras por aqui!

A excitação de Curt por participar de um jogo clandestino supera o resquício de drama de consciência que por vezes o importuna. Ele fixou uma ideia em sua mente: o sucesso dos negócios está relacionado à atividade secreta que exerce, mas deve agir com cuidado. Ninguém no mundo teuto-brasileiro desconhece a rigorosa investigação realizada pela Polícia gaúcha sobre as atividades de grupos pró-nazistas e prisões acontecem a todo o momento.

Em meados de outubro, Curt recebe uma carta do major Immers de teor convencional. As questões que deseja ver respondidas, contudo, estão em um microfilme colado na parte externa do envelope por baixo dos selos. Curt não consegue ler a mensagem com sua lupa. Por indicação do senhor Berwanger, ele procura a oficina de Reinhold Vogel, localizada na quadra final da Rua da Praia, uma subida íngreme que vinte metros adiante desemboca na Praça Dom Feliciano, junto à Santa Casa de Misericórdia.

Vogel é um abalizado técnico de mecânica especializado em consertar e vender instrumentos de precisão, mas não é comum ser procurado para ampliar microfilmes.

– São alguns dados de caráter econômico – tenta imprimir um tom corriqueiro à conversa.

– Bem, agora estou ocupado. Se o senhor voltar ao final da tarde, poderemos olhar juntos no microscópio – responde Reinhold Vogel.

Curt passa o dia envolvido na preparação de uma viagem ao Sul do Estado em busca de novos fornecedores. Elabora um roteiro de visitas e busca informações em relatórios econômicos da Associação Comercial e da Secretaria do Interior, mapeando empresas, analisando preços e verificando opções de logística. De tão envolvido com o planejamento, não percebe o tempo passar. Quando se dá conta, está sozinho e a noite desceu inteira através das janelas do escritório. Lembra-se, então, do microfilme. Corre até o laboratório de *Herr* Vogel, mas encontra as portas fechadas.

Cresce dentro dele primeiro a suspeita e depois a certeza de que cometeu um erro. Estará em sérios apuros caso Vogel, movido pela curiosidade ou apenas para acelerar o serviço, tenha tomado a iniciativa de verificar o material. E se a mensagem contiver algo comprometedor?

Na manhã seguinte, após uma noite pessimamente dormida, ele está de volta à oficina. O senhor Vogel se aproxima, contrariado.

– Houve um lamentável acidente – ele conta. – O documento estava pouco desfocado e, para tornar as letras mais legíveis, fiz uma aplicação de amilacetona, mas a dosagem foi excessiva e o filme ficou imprestável.

Curt ouve estupefato.

– Mas como? Ouça, senhor Vogel, esse documento é muito importante.

O outro dá de ombros.

– Não há o que fazer.

– Gostaria de ter o filme mesmo assim.

– Não é possível. Joguei no lixo. Lamento.

As palavras são de desculpas, mas o semblante de Vogel é francamente acusatório. Ele encara Curt como se estivesse diante de um criminoso. Curt sente o chão falsear. Como explicar ao major Immers o extravio do material. Pior: e se Vogel procurou a Polícia e deu com a língua nos dentes? O que havia na mensagem? O que Vogel sabe? O que ele viu?

Ao cabo de três dias exasperantes, Curt recebe um telegrama lacônico: *Suspenda imediatamente o envio de informações. Sua colaboração está encerrada. Ass: Leonardo.*

Curt viaja ao Rio de Janeiro, mas é obrigado a esperar dois dias para que Erich Immers se digne a recebê-lo. O major transborda em cólera. Acusa Curt de envolver pessoas fora do esquema e pôr em risco toda a operação.

— A culpa é minha por confiar num sujeito frívolo e descomprometido – Immers cospe as palavras.

Curt argumenta que procurar o laboratório foi a única forma que encontrou para decifrar a mensagem. Porém, Immers é peremptório.

— Ainda tive que ouvir de Albrecht Engels: "Da próxima vez, escolha melhor a sua equipe!". Você não é confiável, portanto, considere-se excluído. Para todos os efeitos, nunca nos conhecemos. Queira se retirar!

Curt procura Eduard Arnold em São Paulo e este tenta consolá-lo. Assegura que os negócios estão mantidos, porque ele se entenderá pessoalmente com a embaixada alemã, sem a intermediação de Immers. E confidencia:

— Não posso garantir, mas ouvi boatos de que o major está com os dias contados para regressar à Alemanha.

Roda-gigante

Curt retorna a Porto Alegre resignado e preparado para o pior. Imagina que a qualquer momento será golpeado por ordem de Erich Immers, excluído dos negócios de exportação ou coisa pior. Mais uma vez vê operar seu traiçoeiro mecanismo de autossabotagem, sente que sua roda-gigante entrará em queda livre a qualquer momento.

Estranhamente, contudo, seu cotidiano se conserva inabalável. Com o passar dos dias constata, surpreso, que o episódio do microfilme não produziu as consequências trágicas que ele temia.

No início de novembro, ele recebe um cartão em papel timbrado do Deutsches Konsulat de Porto Alegre:

Prezado Hans Curt.
Tenho o prazer de convidá-lo para um evento festivo a se realizar no próximo sábado, dia 09/11, em minha residência, à Rua Coronel Marcos, nº 3.999. Fique à vontade para trazer seus amigos.
Ass.
Richard Paulig

Curt estende o convite a seus amigos mais próximos: Rolf Feddersen, herdeiro de uma família exportadora de couros e peles; Günther Worth, neto de um almirante alemão e alto funcionário do Banco Pfeiffer; Hildegaard Ullmann, a adorável *Hilli*, filha do construtor do edifício onde funciona o consulado alemão; e especialmente a filha do diretor da fábrica de tubos Mannesmann, Elizabeth Wolckmar, cujos grandes olhos azuis e lábios salientes o arrebataram.

O cônsul Paulig, filho de um armador de Hamburgo, é um relações-públicas de mão cheia. Quarentão, solteiro e liberal, adquiriu o hábito de promover reuniões jovens em sua casa, às margens do Guaíba, com música, dança, salsichas assadas no braseiro e barris de chope, nas quais os temas políticos são evitados – regra estabelecida pelo próprio anfitrião. Paulig mostra-se gentil e atencioso com os visitantes. Chama a todos pelo nome, exalta as maravilhas de Nova York, onde passou sete anos, conta anedotas sofisticadas, interage com os jovens durante os *happenings*.

– Fiquei sabendo que sua irmã é uma bailarina famosa, Hildegaard – ele se dirige a Hilli.

– Não só famosa – atalha Elizabeth. – A melhor bailarina do país.

– *Chinita* estudou balé na escola de Mary Wigmann, em Dresden.

– A lendária Mary Wigmann – Paulig comenta. – Gostaria de conhecer sua irmã. Chinita?

– Friedel, mas usa o apelido de criança como nome artístico. Ela mora em São Paulo, onde está abrindo uma escola de dança moderna.

– Bem, quando estiver por aqui seria uma honra encontrá-la.

Quando o cônsul se afasta para deixar os jovens à vontade, Hilli observa:

– Chinita não vai querer.

– Por quê? – Curt pergunta. – O cônsul é tão gentil.

– Ela anda metida com comunistas, tem horror a Hitler.

São duas dezenas de moças e rapazes a se deleitarem na propriedade do cônsul. Está quente. Rolf e Günther enturmam-se no grupo que disputa provas de natação no Guaíba com raias imaginárias a uma boa distância da margem. Algumas garotas jogam *volley ball* no gramado de *Herr* Paulig. Hilli ri dos rapazes que a cortejam. Curt mantém-se junto a Elizabeth.

Em uma das idas à chopeira para abastecer seu copo é abordado pelo cônsul, terno branco impecável, óculos ray-ban *made in USA* e chapéu panamá. Paulig põe a mão sobre o ombro de Curt.

– E então, meu rapaz, divertindo-se?

– Já tinha ouvido falar de suas festas, que estão se tornando célebres. Hoje estou tendo a oportunidade de confirmar tudo o que diziam.

– Meu antecessor... Conheceu *Herr* Ried?

– Não tive o prazer.

– Era um homem espartano, voltado unicamente ao trabalho e à causa, sem espaço para divertimento. O máximo a que se permitia eram as quermesses na Deutsches Haus. Fez um trabalho admirável, não contesto, mas criou atritos e se tornou visado pela Polícia por sua postura ostensiva. Infelizmente, a situação se repete em Nova York. Soube que está tramitando um processo de expulsão de *Herr* Ried dos Estados Unidos, uma pena, pois é um homem de valor. Eu tenho outra filosofia. Veja minha rotina diária. Preciso lidar com pessoas insuportáveis tratando de temas maçantes. Isso aqui – ele faz um gesto abrangente em direção aos jovens – para mim é um oásis.

Os dois se dirigem ao barril de chope.

– Mas me diga, *mein jeune Freund*, como andam os negócios?

— Melhor do que se podia esperar.

— Cuidei pessoalmente para que o percalço dos microfilmes não o prejudicasse — Paulig revela em voz baixa.

Curt fica sem jeito.

— Aquilo foi uma imprudência — ele procura alguma palavra, mas o cônsul dirige o assunto para o campo pitoresco.

— Você precisava ver a cara do Vogel quando apareceu no consulado. Tremia como vara verde, como falam por aqui. Eu disse que provavelmente se tratava de uma perigosa ação de espionagem dos ingleses, e ele saiu com os olhos arregalados. Fomos obrigados a avisar o major Immers.

— Restou que fui excluído.

— Por enquanto. O importante é que podemos contar com você. Não se iluda com a calmaria. As coisas vão se aguçar daqui para frente quando os americanos se decidirem e o Brasil entrar a reboque. Esteja preparado. Quando menos esperar, vamos reativá-lo. Sua *Freundin*? – Paulig aponta para Elizabeth.

Curt sorri com uma ponta de orgulho:

— Ainda não.

— Não a deixe escapar.

⊳──

Curt precisa contar as boas novidades à mãe.

Liebe Mutti.

É exatamente como você diz: eu tenho o dom de lidar com os outros de maneira descomplicada e natural e de muito rapidamente selar uma amizade. Mas também no meu caso é extremamente grande o perigo de descuidar das relações pessoais e, num segundo momento, por falta de habilidade e falta de atenção, prejudicar as simpatias conquistadas ou perdê-las. As antipatias que tenho com muitas pessoas na Alemanha e também no Brasil dão testemunho da minha dificuldade de manter laços de amizade. Já trabalhei bastante em mim nesse aspecto, às vezes tarde demais – em alguns casos com e em outros sem sucesso –, e acho que melhorei um pouco nesse problema. Por isso, tenho sido muito cuidadoso desde o início aqui em Porto Alegre e tenho procurado não repetir os erros que cometi em São Paulo – e que erros toscos foram! Como você diz, é muito difícil falar e fazer a coisa certa se a gente não tem isso naturalmente. Aqui no estrangeiro é obviamente muito mais complicado, porque ainda tem as questões políticas e sociais envolvidas.

Você poderia me fazer um grande favor? Eu gostaria de saber sobre Herbert Wolckmar e Frau Hildegard Wolckmar, seu nome de solteira era Brandt. Eles estão aqui desde 1928 e estiveram diversas vezes na Europa desde então. Eu teria interesse em saber de que tipo de círculo eles provêm, e principalmente se são arianos. Quanto ao último ponto, não tenho dúvida alguma, só queria ter uma confirmação daí, porque teoricamente tenho interesse em sua filha Elizabeth e preciso estar informado.

Algumas mulheres provavelmente se sentiriam lisonjeadas se seu marido fosse tão ligado a elas como sou a você e vice-versa. Por isso, toda vez que me ponho a apreciar uma moça como, digamos, possível candidata a esposa, a comparação é difícil. Ainda assim, devemos sempre almejar o melhor e, mesmo quando se tem poucas amizades, é melhor ser crítico em demasia do que leniente.

A propósito, quero lhe falar a respeito do Paulig. Pensei que ele poderia ser um bom marido para Charlotte. É um sujeito fantástico, com uma grande empatia e olhos que transmitem uma abertura e uma bondade absolutamente não diplomáticas. Não é bonito, mas extremamente desembaraçado, retoricamente polido e dono de um humor apresentável. Um cavalheiro dos pés à cabeça. De Hamburgo, aliás.

Deve estar sendo um ótimo inverno por aí. Espero que não esteja faltando nada a vocês em casa.
Seu,
Curt

Curt está animado. Sua viagem a Florianópolis e de lá para Pelotas e Rio Grande abriu incontáveis possibilidades de negócios que ele anotou em sua caderneta: Ernesto Riggenbach & Cia, Florianópolis, interessante para mel e cera de abelha, eventualmente para feijão e banha, pois a empresa tem um entreposto oficial pelo qual toda a produção de banha deve passar; duas marcas importantes de peles, E.R.C. Couros e Matadouro Catarinense, no máximo 20% de refugo (já trabalhou com a Scholls, de Hamburgo, e comerciantes de peles de Roterdã); em Rio Grande, Rafael Anselmi e Filhos & Cia.: arroz, couro e peles de ovelha, também trabalha com tortas de caroço de linho de pequenos fabricantes do interior, tem frigorífico, muito boa firma; Feddersen & Cia, a firma tem casa própria em Hamburgo, mas é possível fazer negócios em casos especiais; Companhia Nacional de Óleo de Linhaça, com sede em Pelotas, o dono é italiano, produz 600 toneladas por mês, no momento possui *stock* de 3 mil toneladas, fabrica também óleo de babaçu; Viúva Pedro Osório Ltda., de Pelotas, maior fornecedor de arroz do Estado, com colheitas de 250 mil sacos de 50 quilos; possui engenho e marca própria, Osório; Fetter & Cia., produtores e beneficiadores de arroz, gente muito boa.

De volta a Porto Alegre, envia o relatório de suas andanças a Eduard Arnold: *Devemos concentrar nossas atenções em Pelotas e Rio Grande em negócios de peles, arroz, feijão e banha. Como o senhor sabe, pode-se alcançar essas cidades por telefone, o que torna meu trabalho mais fácil. Além disso, a viagem de avião a Pelotas dura apenas 40 minutos, e de Pelotas a Rio Grande, três quartos de hora, de trem ou automóvel.*

Com a proximidade do verão, o DKW de Curt, o Packard de Rolf e o Ford V8 de Günther partem em alta velocidade rumo à Zona Sul, geralmente para o pitoresco recanto da Pedra Redonda, com suas rochas que se equilibram de uma forma exótica e uma praia de dois quilômetros que se estende até o Morro do Sabiá. Ali, nadam, fazem piqueniques e às vezes tomam o vapor em direção ao balneário Alegria, do outro lado do Guaíba. Curt e Elizabeth caminham de mãos dadas, beijam-se, riem, fazem planos.

– Você pretende se fixar em Porto Alegre?

– Estou cada vez mais propenso, porque os negócios estão andando bem. Com o final da guerra, espero que não demore muito, a tendência é melhorar ainda mais. A única coisa que me prende à Alemanha é minha mãe, já idosa. Ela sente muito a minha ausência.

– Você fala muito de sua mãe. Gostaria de conhecê-la.

– *Mutti* é uma pessoa muita generosa e um pouco desconfiada. Mas devo prevenir que ela costuma fazer julgamentos muito severos sobre as moças com quem me envolvo.

– O que ela pensaria de mim?

– Pretendo convidá-la a passar um período aqui em Porto Alegre no começo do ano que vem. Aí, saberemos.

Desde que foi afastado do *bureau* Engels-Immers, Curt praticamente deixou de lado os códigos secretos na troca de correspondência com Eduard Arnold, pois agora só tratam de assuntos comerciais. No final do ano, contudo, chega uma carta de Arnold restaurando o código combinado entre os dois.

Arnold refere uma correspondência lacônica assinada por *Leonardo*, codinome de Erich Immers, informando que fora chamado à Alemanha para trabalhar no Oberkommando. Assim, Albrecht Engels passaria a tomar conta de todo serviço de informações da embaixada alemã. Arnold lamenta, pois tinha bom relacionamento com Immers, enquanto Engels costuma tratá-lo com desprezo.

No último dia do ano, Curt envia uma carta de boas-festas à mãe.

Meine liebe Mutti:
Eu realmente pretendia passar o Natal com vocês, mas não foi possível. Espero que meus presentes tenham chegado a tempo. Para mim, não posso dizer outra coisa, o Natal foi muito legal. A atmosfera de Porto Alegre é tão infinitamente despretensiosa e simpática que me sinto confortável como não acontecia em São Paulo. Na noite de Natal estive na casa dos Feddersen, uma família hamburguesa (na verdade, são brasileiros já de 3ª geração, mas puramente alemães). São os mais importantes exportadores de peles e couros do Rio Grande do Sul, com firmas próprias em Porto Alegre, Rio Grande e Novo Hamburgo. Passei um dia agradável com o casal, o filho deles, o amável Rolf, sua irmã casada com um empresário de São Paulo e a irmã menor, uma menina esperta e travessa de 14 anos. À noite, brindamos com toda a família em mangas de camisa diante da árvore de Natal, comida abundante e o gramofone a tocar músicas conhecidas.

No dia 28, fui convidado para uma garden party nos Wolckmar para 70 pessoas. Havia um palco montado, cortinas, instalações elétricas, música da moda. Foi representada a peça Ingeborn, de Curt Goetze von Spatel. Uma senhora Lieckefeldt, natural do Reno, esposa de um antigo oficial que é representante da firma Tubos Mannesmann, também se apresentou e foi a piece de resistence, pois cantou muito bem e poderia estar em qualquer palco do mundo. O cônsul Paulig tirava fotografias e não queria perder nada do que estava acontecendo.

Hoje, minha programação é cear na casa do cônsul Paulig e depois ir ao baile de Ano-Novo na Sociedade Germânia. Com certeza será muito agradável. Esses tours eram impossíveis em São Paulo, pois não se encontram as pessoas para tanto – eu também não sei qual a causa disso, mas várias pessoas já me confirmaram o mesmo. Além disso, por sua localização, Porto Alegre oferece uma paisagem extraordinariamente encantadora.

Bem, por hoje é isso e tudo, tudo de bom para você. Abraços para todos.
Do seu caro
Curt

Em janeiro, Curt está em Torres hospedado no Farol Hotel, mas passa a maior parte do tempo na casa de veraneio dos Wolckmar, defronte à Praia Grande. Ali, experimenta o aconchego de um convívio familiar que não usufruía desde que deixou Stuttgart para trabalhar na firma de um tio em Bremen, oito anos atrás, mas uma coisa o incomoda. Elizabeth começa sutilmente a introduzir a palavra "casamento" nas conversas da família e, quando isso acontece, Curt sente-se desconfortável e cuidadosamente procura brechas para mudar de assunto.

Na Praia da Guarita, mulheres chiques exibem seus maiôs importados, moças jogam com bolas coloridas, crianças constroem castelos de areia, os garotos mais velhos entram no mar usando câmaras de pneu como boias. Curt impressiona-se com a magnífica formação rochosa de 30 metros de altura semelhante a uma fortificação, junto à praia.

– Você se importa que eu fale de casamento? – Elizabeth o surpreende.

– De modo algum, querida. Mas temos um bom caminho a trilhar até a hora de conversar seriamente sobre isso.

– Eu sei – ela murmura, levemente encabulada. – Só quero deixar claro que esta é minha vontade.

Curt a beija com ternura, afaga seu rosto e diz:

– Vamos deixar as coisas acontecerem.

Enquanto estão conversando um pequeno avião *fleet* de dois lugares faz piruetas a apenas 150 metros de altura. Curt está de olho nele.

– Veja o que o sujeito está fazendo.

– É um exibicionista – a garota comenta.

– É um irresponsável, isso sim.

O biplano sobrevoa o centro de Torres, faz curvas fechadas, dá rasantes. Quando tenta contornar a antena da estação de rádio, o piloto erra a manobra e uma das asas inferiores do avião choca-se com a estrutura metálica, partindo-se ao meio. Elizabeth grita e cobre o rosto. O *fleet* despenca violentamente ao chão. Curt corre para seu DKW e ruma para o local da queda.

Por sorte, o bimotor caiu no pátio de uma casa de veraneio sem atingir ninguém e o piloto teve o sangue-frio de cortar o contato de combustível, evitando assim que o *fleet* explodisse.

– Vocês poderiam ter morrido ou matado alguém – Curt grita aos jovens enquanto eles são retirados do aparelho bastante feridos e conduzidos para o atendimento médico.

Curt vê-se no lugar dos rapazes. Três anos atrás, logo que chegou a São Paulo, convidou os conhecidos para um "espetáculo" no aeroclube, onde exibiria suas qualidades de piloto, a bordo de um *fleet* semelhante ao dos moços acidentados. Realizou manobras arriscadas, subiu e desceu a quase 90 graus, chegou a fazer um loop e, ao final, pousou triunfante, à espera de aplausos e congratulações. Contudo, poucos o cumprimentaram. A maioria saiu falando coisas como "vaidade desmedida" e "exibicionismo exacerbado". O "cartão de visitas" de habilidade e ousadia que pretendia apresentar aos paulistas tornou-se um atestado de arrogância que a partir dali o perseguiria de forma inclemente.

―――

O barão Edmund von Thermann é um homem rotundo, que parece dispender muita energia para mover as duas pernas, mas não demonstra se importar com isso. Seu rosto de bochechas salientes e uma considerável manta de gordura sob o queixo vermelho faz questão de capturar a atenção geral no convescote organizado pelo cônsul Richard Paulig.

― Berlim é mais Berlim do que nunca ― o embaixador está francamente entusiasmado. ― As lotações dos teatros são vendidas com semanas de antecedência, os hotéis estão cheios e é difícil conseguir mesas nos restaurantes. O movimento é de pasmar.

― E os bombardeios?

― Os estragos são insignificantes.

Von Thermann ocupa o cargo de embaixador alemão na Argentina. Quando saiu de férias, os jornais especularam que ele não reassumiria o posto, pois existia a suspeita de ter auxiliado a fuga em massa de marinheiros do *Graf Spee* que estavam presos em Buenos Aires desde o afundamento do navio. Mas esses assuntos são evitados no almoço oferecido pelo cônsul Paulig ao barão, em sua escala em Porto Alegre antes de reassumir o cargo de embaixador, contrariando as expectativas.

— Que notícias o senhor nos traz do *Führer*?

— Eu tinha expectativa de encontrá-lo para tratarmos de alguns problemas ocorridos na Argentina, mas ele passou esses dias descansando em Berghof, com ordens para não ser importunado. Soube que manteve conversas frequentes com Göring. Há uma certa ansiedade no ar. Conforme a opinião geral, a Alemanha já deveria ter vencido a guerra não fossem alguns detalhes, alguns ajustes a serem feitos.

A todo momento, o olhar de Curt desvia-se da figura balofa do barão e se refugia na mulher alta e loura, de curvas acentuadas, que escuta a conversa sem muito interesse. Enfadada, afasta-se do grupo, abre a cigarreira prateada, retira um cigarro. Com agilidade, Curt desliza até ela e aciona seu isqueiro.

— *Danke* – ela agradece. — Não nos conhecemos, não é?

— Não, eu lembraria. Prazer, Curt.

— Ruth. É amigo de *Herr* Paulig?

— Praticamente adotado por ele. Estou há seis meses em Porto Alegre. Acho incrível que não tenhamos nos encontrado.

— Eu moro em Blumenau, mas lá é tudo muito parado – ela fala com uma displicência sinuosa. — Às vezes sinto necessidade de fugir para cá, do contrário morreria de tédio.

— Mude-se para cá.

— Não posso. Meu marido tem negócios em Blumenau.

— E o que você faz por aqui para não morrer de tédio?

— Essas coisas que todos fazem. Vou às compras na Rua da Praia, cafés, cinema, sou convidada para festas, conheço pessoas interessantes.

– E seu marido? Presumo que ele não fique muito satisfeito.

– Ciúme? – Ruth replica com desdém. – Werner está muito ocupado com os negócios da firma e alguns outros assuntos que você deve imaginar – ela aponta para o grupo em torno do barão Von Thermann.

"Ela pensa que sou espião. E sou?", pensa Curt. Os dois dão as últimas tragadas em seus cigarros antes de retornarem ao convívio do grupo.

– E a possibilidade do ingresso dos americanos na guerra? – Wolckmar está perguntando ao barão.

Von Thermann faz uma careta de desprezo e passa a mão diante do rosto como se estivesse afastando uma mosca do nariz.

– *Unsinn*! Na Alemanha se comenta menos sobre isso do que aqui na América. Do ponto de vista prático, existe um sentimento muito forte pela neutralidade entre os americanos.

– Se decidirem entrar na guerra, tentarão levar todo o continente junto – opina alguém do grupo.

– A Argentina não vai embarcar na canoa furada dos *yankees* e, pelo visto, o Brasil também não – opina o embaixador.

– Hoje tem uma festa na casa de uns amigos – Ruth cochicha. – Não estou disposta a ir com o meu automóvel.

– Posso levá-la.

– Estou no Hotel Jung – ela informa.

Curt está perto de concluir seu maior negócio em terras gaúchas, fruto de um acordo com a Refinaria Brasileira de Óleos e Graxas, localizada às margens do Rio Gravataí, ao lado de Porto Alegre. A empresa gaba-se de possuir o maior parque industrial do setor na América Latina, com capacidade de produzir azeites, manteiga, banha, glicerina, velas e óleos comestíveis, lubrificantes e medicinais.

Acertou com a refinaria a exportação de cem toneladas de óleo de girassol e quinze toneladas de glicerina para a Alemanha. Arnold trabalha junto ao comprador, neste caso a firma Teodor Willie, com sede em Santos, a preferida do Oberkommando alemão. Assinados os contratos, Curt está encarregado de acompanhar inicialmente o embarque dos tonéis de óleo de girassol no cargueiro *Rio Grande*, marcado para o dia 1º de maio. Pelo negócio, Curt e Arnold dividirão uma comissão em torno de 50 contos de réis. A glicerina seguiria uma semana depois, com a previsão de lucro ainda maior, cerca de 80 contos.

Tudo corre às mil maravilhas para Curt, a não ser pelo início de outono frio e chuvoso, que o afasta das quadras de tênis. As opções de divertimento ficam restritas ao cinema ou à canastra com os amigos junto à lareira dos Wolckmar. Curt é um namorado frequente e carinhoso com Elizabeth, mas quando Ruth aparece para fugir do tédio de Blumenau, ele vê-se enredado em uma teia de desculpas, pequenas mentiras e algum cinismo, da qual emerge o pior personagem de si mesmo.

— Fique. Meus pais querem jogar canastra.

— Hoje não posso. Tenho que acordar cedo amanhã.

Elizabeth faz beicinho. Curt acelera seu DKW até o Hotel Jung. Ruth não o espera no saguão, conforme combinado.

— Bernhard! — ele pede ao funcionário. — Diga a dona Ruth que estou aqui.

— Pois não, *Herr* Clason.

Ela desce vestindo um robe sem disfarçar sua contrariedade.

— Está atrasado.

– Tive alguns contratempos.
– Deixou-me esperando.
– Não foi minha culpa.
– É o que você diz. De qualquer forma, perdi a vontade de sair.

Ele a olha com desânimo. Ruth vira as costas e se dirige ao elevador. Passam-se alguns segundos. A frustração de Curt vai se transformando numa espécie de alívio, que reduz seu sentimento de culpa em relação a Elizabeth. Quando está saindo pela porta do hotel, contudo, Ruth o chama.

– Está bem, mas foi a última vez. Quer subir?

Curt abandona os dilemas amorosos, pois seu pensamento obstinado está nos negócios. A carga de óleo de girassol está pronta para o embarque, mas as chuvas se tornam incessantes. Na manhã de terça-feira, dia 22 de abril, o céu escurece repentinamente, raios riscam as nuvens pesadas e trovões estremecem a cidade. Em pouco tempo, as águas do Guaíba avançam sobre a Praia de Belas, transbordam o Arroio Dilúvio e alagam os bairros Ilhota e Areal da Baronesa, da região sul da cidade. Ao norte, sobem pelo leito da Rua Voluntários da Pátria e ocupam as ruas dos bairros Navegantes, São João e Humaitá, impedindo o trânsito de bondes, ônibus, automóveis e carroças, invadem pequenos estabelecimentos e obrigam moradores a deixarem suas casas. No cais do porto, a ferocidade das águas impede o embarque de mercadorias nos navios *Itanagé a Aníbal Benévolo*.

Curt contempla a chuvarada inclemente da janela do escritório. Do outro lado da rua, a cerca de 50 metros, um incêndio irrompe da fábrica de roupas Secco & Cia criando uma cena paradoxal e grotesca. As labaredas brigam com o aguaceiro que desaba, produzindo uma fumaça escura que se perde no temporal. Dois carros de bombeiros aproximam-se com as sirenes ligadas, as rodas jogando água para os lados. Curt está inquieto.

Oscar Berwanger aproxima-se dele e toca em seu ombro:
– Preocupado?
– Soube que aqui é uma terra de enchentes.
– Não se aflija. As enchentes só acontecem de agosto em diante.

No domingo, dia 27, Porto Alegre é sacudida por um novo temporal ainda mais tenebroso. A força das chuvas derruba transformadores, deixa vários bairros da cidade às escuras e dificulta a operação dos bondes. A enxurrada ganha reforço das águas dos rios que alimentam o Guaíba e se dirige perigosamente para o Centro de Porto Alegre numa velocidade de 60 quilômetros por hora.

Faltam três dias para o embarque dos tonéis de óleo de girassol. A Avenida Júlio de Castilhos já tem um palmo de água sobre a calçada. Curt tira os sapatos, dobra as calças até o joelho e caminha ao prédio. Sobe ao segundo andar e começa a receber más notícias. No telegrama sobre sua mesa, a Companhia Hamburguesa informa que o navio *Rio Grande* foi obrigado a dar meia-volta, em função das tempestades.

Curt telefona para a Capitania dos Portos e fica sabendo que todas as atividades portuárias estão suspensas por tempo indeterminado. A fúria das águas provocou o rompimento dos cabos de energia que movimentam os guindastes do cais. Mesmo que pare de chover, o conserto dos cabos levaria pelo menos uma semana. Liga, então, para Hugo Born, diretor da refinaria, e recebe a pior notícia: boa parte da glicerina foi afetada pela enchente do Rio Gravataí, que invadiu os galpões de produção. O negócio milionário de Curt está indo, literalmente, por água abaixo.

Oscar Berwanger o interrompe em seus trágicos devaneios.
– Estou dispensando o pessoal. A água está subindo e daqui a pouco não se conseguirá sair do prédio. Acho bom você fazer o mesmo.

Já são quase três semanas de chuvas ininterruptas e o delegado Plínio vive um pesadelo *déjà-vu*. Cinco anos atrás, quando comandava a delegacia do 4º Distrito, assistiu de perto à maior enchente de Porto Alegre até então. Todos os bairros sob sua jurisprudência, na parte mais alagadiça da cidade, submergiram sob as águas do Guaíba. Plínio viu tudo: o olhar de desespero dos atingidos, famílias abandonando suas casas levando o que conseguiam, o choro das crianças, a desolação dos comerciantes obrigados a fecharem as portas de seus armazéns e suas fruteiras, as grandes fábricas da Zona Norte sendo invadidas pela enxurrada, que inutilizou suas máquinas e arruinou os seus estoques.

A história se repete com mais dramaticidade. Pela primeira vez, o Guaíba alcança a altura do cais do porto e se espalha pelo Centro da cidade. As águas atingem o prédio administrativo do cais, penetram pelas janelas situadas junto ao passeio público, no subsolo do prédio dos Correios, onde ficam os malotes das correspondências, cercam o prédio da Prefeitura e adentram o Mercado Público levando de roldão as mercadorias expostas nas bancas. Através da Praça da Alfândega, a enchente alcança a Rua da Praia, invade cafés e cinemas e interrompe a circulação dos jornais mais importantes da cidade, o *Correio do Povo* e o *Diário de Notícias*.

O Aeroporto São João e a estação ferroviária estão debaixo d'água. Os serviços de telegrafia e correspondência estão suspensos. Para Plínio, mais grave do que a enchente, obra de uma conjugação de fatores climáticos, geográficos e meteorológicos, é a demora das autoridades em reagir. Somente no dia 30 de abril, quando quase um terço dos moradores da cidade já haviam abandonado suas casas – cerca de 70 mil pessoas, justamente a parcela mais vulnerável da população –, o intervent or Cordeiro de Farias decidiu convocar a prefeito José Loureiro da Silva e o chefe de Polícia para combinar providências. Plínio acompanha o major Aurélio Py.

A reunião segue por um mar de lamentações. Diante da ausência de iniciativas, o delegado Plínio pede a palavra:

– Senhores. Diante da tragédia que se abate sobre o nosso Estado, tomei a iniciativa de elaborar um plano para coordenar e potencializar as ações de proteção às populações afetadas.

O intendente faz um gesto para que Plínio prossiga. Ele expõe seu plano.

– Primeiro: requisitar todas as embarcações de órgãos públicos e particulares e percorrer as zonas alagadas para resgatar os flagelados. Segundo: relacionar os prédios que possam servir de abrigo, incluindo clubes, escolas e cinemas. Terceiro: utilizar as emissoras de rádio mais ouvidas, a Gaúcha, Difusora e Farroupilha, na divulgação de uma ampla campanha de doações, especialmente de roupas, cobertores, alimentos e remédios. Quarto: definir um local de armazenagem dos víveres e organizar um rigoroso sistema de distribuição, através requisições que seriam assinadas pelos responsáveis dos estoques. Quinto: tabelar os preços dos produtos de primeira necessidade e promover uma intensa vigilância policial sobre os comerciantes para evitar abusos de preços, como ocorreu nas enchentes anteriores.

– Quem quiser explorar a desgraça alheia vai preso – acrescenta o chefe de Polícia.

— Essa proposta de organização pode ser adotada nos outros municípios que estão sofrendo com as cheias.

Cordeiro de Farias olha ao redor e colhe as expressões de aprovação.

— Então, senhores, temos um plano e um responsável. Designo o delegado Plínio Brasil Milano para coordenar as ações.

Plínio só aparece em casa para trocar de roupa ou dormir algumas horas. De resto, passa os dias visitando os abrigos e administrando a distribuição de comida e agasalhos. Ou, então, recebe denúncias e aciona a Polícia para coibir os atos de pirataria de ladrões que percorrem de barcos as regiões alagadas para pilhar casas abandonadas ou de comerciantes oportunistas que aumentam os preços acima da tabela.

As chuvas cessam no dia 6 de maio, mas o vento sul vindo com vigor da Lagoa dos Patos empilha a água de volta à cidade. Mesmo com o retorno do sol, a enchente continua a crescer, até alcançar a altura de 1,76 metro. Porto Alegre experimenta uma paisagem bizarra. Canoas circulam pelas ruas e avenidas, tomando o lugar dos automóveis. Barcos fazem o transporte nas regiões mais baixas substituindo os bondes.

Plínio recebe um telefonema do Palácio Piratini. O interventor deseja inspecionar as áreas alagadas e pede que ele o acompanhe. Os dois trafegam de automóvel pela nova Avenida Farrapos, cujo leito ainda conserva uma camada de água. Na esquina com a Avenida Sertório, onde o alagamento já atinge a metade dos pneus, uma lancha a motor de popa os aguarda.

A embarcação segue rumo ao extremo norte da cidade através da Avenida Frederico Mentz, cruzando com botes e caíques carregando pessoas afogadas pelo desânimo. Alguns reconhecem o interventor, que os saúda com um gesto discreto. Um cenário melancólico serve de pano de fundo. Bairros inteiros transformaram-se em lagoas. Residências estão vazias. Fabriquetas e casas de comércio se mantêm fechadas. Utensílios domésticos e mercadorias boiam na correnteza.

– Quantas pessoas moram por aqui? – ele pergunta a Plínio.

– Entre Navegantes e São João, perto de 60 mil.

A lancha passa diante da fábrica de tecidos Renner, onde a enchente alcança um metro de altura. Operários retiram do fundo das águas meadas de lã encharcadas. A mesma cena se repete na indústria de tecidos Parahyba.

– Precisamos gestionar junto ao governo federal o ressarcimento desta tragédia – o interventor reflete.

– Não há dúvida, doutor Cordeiro. As grandes empresas terão prejuízos gigantescos e os comerciantes irão recomeçar praticamente do zero. Por ora, o problema mais grave é a falta de alimentos. Os estoques de leite acabaram, há escassez de carne e as padarias estão trabalhando 24 horas por dia. Recém estão chegando os primeiros barcos trazendo arroz, feijão e verduras. Mas logo teremos uma situação de extrema gravidade, quando as pessoas voltarem para suas casas e ficarem expostas às águas contaminadas – ele aponta para a correnteza repleta de ratos mortos.

Somente em meados de junho, quando o porto voltou a funcionar normalmente, é que Curt consegue embarcar no vapor *Araxá* os 307 tambores de óleo de girassol bruto, num total de quase 60 toneladas, para o porto de Santos, de onde a Theodor Willie os remeteria para Hamburgo. Porém, devido ao atraso, a empresa cancelou a compra da glicerina. Eduard Arnold insistiu, mas a firma alemã só retomaria o negócio a preços bem inferiores, praticamente a metade do que o combinado. Curt não aceitou, sabendo que a refinaria custaria um bom tempo para produzir o equivalente à quantidade perdida na enchente. Ele procurou Hugo Born em busca de uma indenização. O máximo que conseguiu foi receber 15 ações da refinaria, ao preço de um conto de réis cada, que ele dividiu com Arnold.

Curt está desolado. Além do prejuízo nos negócios, sua vida sentimental anda atolada em incertezas. Elizabeth fala em casamento com alguma insistência. Ele reluta. Se pretendesse casar, certamente seria com ela, mas não pensa nisso. Tem se dedicado com mais empenho às noites ardentes na companhia de Ruth Cremer quando sua nova amante está em Porto Alegre.

O cônsul Paulig promove um novo *happening* para celebrar o fim da enchente. Curt mostra-se arredio, mas Elizabeth o convence que uma festa o ajudará a esquecer os negócios malogrados. Quando ficam a sós no galpão da propriedade, ela o abraça com o corpo inteiro. Seus lábios grossos procuram os de Curt, que corresponde com frouxidão. Há uma evidente diferença de intensidade entre os dois.

– Olhe para mim! – ela ordena. – Diga alguma coisa!

– O que eu devo dizer?

– Você me quer? – Elizabeth pergunta com uma voz rancorosa, os olhos fixos nele.

Curt procura palavras, mas Elizabeth insiste.

– Você não pode falar? Eu quero saber!

— Saber o quê?

— Saber quem é você. Fale!

— Eu gostaria de poder...

Elizabeth separa-se dele. Seu rosto torna-se sombrio. Curt mantém-se impassível. Ela vira as costas e corre porta afora. Ele ainda consegue escutar os soluços, logo abafados pela gritaria animada da festa de *Herr* Paulig.

Do portão interno do Aeroporto São João, Curt distingue Eduard Arnold entre os passageiros que desembarcam do avião da Pan Air. Em lugar do costumeiro entusiasmo, ele demostra preocupação.

— Prazer em vê-lo – Curt cumprimenta o sócio.

— Não precisava se incomodar – responde o outro.

Seguem ao estacionamento. Curt coloca a mala de Arnold no bagageiro do DKW.

— Que espetáculo! – Arnold elogia o automóvel.

— Resquícios dos tempos de fartura.

Eduard Arnold está em Porto Alegre para verificar in loco as dificuldades para a liberação do navio *Montevidéu*, última possibilidade para manter as exportações para a Alemanha.

— Há poucos dias tive uma prolongada conferência com o cônsul Uebele – relata Arnold. – Ele declarou que nada se comprará por enquanto, pois o Banco do Brasil tem criado dificuldades para as operações com a Alemanha. Isso certamente por causa de pressões dos norte-americanos para que não haja mais embarques em vapores alemães. Estou tendo que colocar os produtos em São Paulo, mas com a falta de exportações a concorrência é grande.

— A neutralidade do Brasil está indo pelo ralo.

— Os americanos se alastram e exercem influência em todo o tipo de negócio. Já chegamos ao ponto de os sócios de empresas teuto-brasileiras serem mandados ao cônsul dos Estados Unidos, onde são examinados do coração aos rins, quantos filhos possuem, em que escola estudam, com quais alemães mantêm relações.

— É a lista negra americana operando.

— O Brasil já cedeu a eles sete campos de aviação. Agora serão destacados para Natal mais de cem oficiais americanos de várias armas. O comércio do Brasil com os sul-americanos agora é controlado pelos Estados Unidos. Os negócios são realizados na base do dólar e devem obrigatoriamente passar por uma agência que funciona no Rio. Obviamente, as firmas alemãs são descartadas.

— Boa droga essa!

— O Brasil está debaixo da pressão dos Estados Unidos. Se forem excluídos os países europeus como fornecedores e recebedores, como está acontecendo, forçosamente vai se estreitar a aproximação com os Estados Unidos e disso resulta influência política.

— Já está acontecendo – concorda Curt.

— Agora só falam em democracia pra lá, democracia pra cá – Arnold desabafa. – No entanto, aqui no Brasil temos uma ditadura pronunciada. Getúlio Vargas tem na Alemanha um grande amigo, talvez mais do que isso, mas ele não pode bater o martelo e fazer o que quer. O seu ministro do Exterior conspira a céu aberto com os Estados Unidos e os americanos fazem o que querem.

Curt conduz Arnold até o Hotel Jung e pretendia se despedir dele, pois a conversa o desagrada, mas Arnold pretende esticá-la.

— Um chope nos fará bem.

Os dois sentam-se a uma mesa redonda de mármore no interior do chalé da Praça 15 e pedem chopes.

— Voltando aos negócios, obtive a garantia de que quando surgir uma oportunidade, serei eu o primeiro a ser considerado, pois existe uma orientação de Berlim à embaixada da Alemanha nesse sentido. Por enquanto, temos que fazer o possível para arranjar dinheiro, pois não se sabe quanto tempo essa guerra vai durar.

— Pior, não se sabe mais quem vai ganhar.

— Os *tommies* conseguiram atrair os russos e transferir a guerra para o Oriente, para obterem uma folga. Pessoalmente, não tenho opinião sobre o futuro da campanha na Rússia porque o país é muito grande, mas pode ser vitoriosa se destruirmos suas principais vias férreas, depósitos, enfim, seus pontos estratégicos.

O assunto guerra deprime Curt. Lembra-se da mãe e das duas irmãs à mercê de um conflito cuja supremacia pode mudar a qualquer momento. Inobstante, Arnold prossegue:

— Se conquistarmos os campos petrolíferos e as reservas de trigo dos russos no Mar Negro, a guerra acaba antes que os americanos se decidam. Só tenho dó dos compatriotas alemães que tenham a infelicidade de caírem prisioneiros dos russos. Já se viu em 1914 o que acontece com esses soldados na Sibéria e outros lugares.

— Conhece um sujeito chamado Werner Cremer? — Curt pergunta.

— O major Cremer? Conheci um dia no escritório de Albrecht Engels. Ele é sócio de uma fábrica de ataduras, esparadrapos e gazes em Santa Catarina.

— É ligado a Engels, então.

— Pelo que soube, foi ativado há alguns anos, mas não sei precisamente que tipo de trabalho ele faz, parece que tem a ver com a Argentina. Qual seu interesse em Cremer?

– Nada demais.

– Para quem está desativado, você anda muito curioso.

– Recentemente fui apresentado à esposa dele, dona Ruth.

– Uma mulher muito bonita, segundo as opiniões de quem a conhece.

Curt concorda com a cabeça.

– Soube que a relação entre os dois é um tanto *sui generis* – Arnold comenta com alguma malícia no olhar.

– Em que sentido?

– Um tanto liberal em demasia, é o que dizem, mas não conheço detalhes. Falando nisso, aconteceram algumas coisas nesse último período que talvez você deva saber, mesmo desligado das atividades do *bureau*. Há alguns meses, recebi essa carta de Erich Immers.

Arnold entrega uma folha datilografada a Curt.

– Leia!

Lieber Freund Arnold:

Espero que tudo esteja correndo a contento com o amigo e sua adorável família. Escrevo para comunicar, em primeiro lugar, que fiz uma ótima viagem com escalas em Cádiz, Madri, Paris, até chegar a Berlim, onde é visível o entusiasmo do povo alemão com as conquistas do nacional-socialismo. Contudo, chegando ao Oberkommando, começaram a acontecer fatos muito graves que me julgo na obrigação de informá-lo. Em primeiro lugar, ninguém do Alto Comando tinha conhecimento de meu regresso à Alemanha, determinado pela embaixada, mais precisamente pelo adido naval, o capitão Hermann Bohny.

Descobri então que fui vítima de um ardil tramado por Albrecht Engels, auxiliado por Bohny, para ficar sozinho no controle do serviço de informações que, como você deve saber, é altamente lucrativo. Basta ver que, logo após tramar o meu afastamento do

Brasil, Engels escreveu ao Oberkommando exigindo que, na condição de único responsável pelo bureau, sua compensação mensal de 8 contos de réis fosse aumentada para 12 contos de réis.

Eu já havia percebido que Engels é um homem perigoso e traiçoeiro, mein Freund. Ele estava criando esquemas de espionagem em Santa Catarina e no Nordeste sem que eu tomasse conhecimento. Na viagem a Buenos Aires, tentei abrir os olhos de Jobst Raven, mas fui ingênuo. Os dois são amigos de longa data – aliás, foi Raven quem convidou Engels para atuar no Abwehr.

Não sei qual será o meu futuro aqui em Berlim. Fui deslocado para tarefas burocráticas e desimportantes e praticamente ninguém me dá atenção. Julguei que você deveria estar informado sobre esses acontecimentos, mas siga o meu conselho. Não comente com ninguém e muito menos com Engels. Aja normalmente e evite qualquer atrito com ele, pois não se sabe do que o sujeito é capaz.

Heil Hitler,
Leonardo

– Intrigante – Curt consegue falar. – Mas não entendo bem a razão de você me contar essa história.

Arnold pega a carta de volta, dobra em quatro partes e enfia no bolso.

– Talvez estejamos correndo risco.

– É uma disputa entre eles. Acho que você está um tanto impressionado.

– Também pensava assim, mas desde a remoção de Immers não tenho sido demandado pelo *bureau*. Continuei enviando informações, mas não obtenho qualquer retorno. Resolvi escrever uma carta a Engels expondo essa situação. Alguns dias depois, é possível que eu tenha sofrido um atentado.

– Como assim?!

— Eu estava no pátio da casa que comprei na Vila Mariana, conversava com um amigo. De repente, esse meu amigo me olhou aterrorizado e disse que viu alguém passar de automóvel e disparar um tiro em minha direção. Eu não percebi. Respondi que ele estava louco, mas olhamos na pilastra da varanda e havia um buraco de bala, ainda quente.

— O que você fez?

— O que eu poderia fazer? Chamar a Polícia? Abandonei a casa, mandei a mulher e a filha para Santos e voltei a morar no Hotel Aurora. Procurei o cônsul Uebele. Ele não trata claramente sobre esses assuntos, mas deixou transparecer que a Gestapo está investindo em uma espionagem mais profissional no Brasil, prevendo o ingresso dos americanos na guerra. Engels está cada vez mais fortalecido. Eu sei muita coisa, era intimamente vinculado a Immers. Talvez eles pensem que é hora de queimar arquivos comprometedores.

— Não será exagero?

— Ando na rua assustado, olhando para os lados. Falo isso porque talvez você também corra riscos, Curt.

— Eu?! Estou fora do esquema há muito tempo, na verdade, mal cheguei a entrar, se é que realmente entrei.

— Se estão dispostos a limpar vestígios, ninguém está livre. Todo cuidado é pouco.

A primavera de 1941 inicia sob um calor sufocante. Curt abre as persianas, enfia o rosto na noite, mas o abafamento não cessa. Ruth está nua de bruços, os cotovelos apoiados sobre a cama desfeita. Curt lhe oferece um copo d'água.

— Não tem mais *champagne*?

— Acabou.

– Vou voltar para a Alemanha – ela anuncia.

– Ah, sim?

– Werner está tendo maus pressentimentos e quer ir embora antes que algo aconteça.

– Quando será?

– Em breve. Ele já vendeu sua parte na fábrica.

– Você *tem* que ir com ele?

– Eu tenho que salvar a minha pele.

– Fique comigo.

Ruth solta uma gargalhada comovida.

– Volte para a cama.

Curt deixa Ruth na porta do Hotel Jung e se dirige à firma. Meia hora depois, ela aparece no escritório de Oscar Berwanger atraindo a atenção de todo o quadro funcional. Ruth treme e chama por Curt com uma voz surpreendentemente frágil.

– O que houve? – ele pergunta, preocupado.

– Podemos sair um pouco?

Curt a retira do escritório pelo braço até uma lancheria ao lado do prédio.

– Alguma coisa estranha está acontecendo – ela mostra um telegrama que lhe entregaram na portaria do Hotel Jung.

Curt lê: *Fui visitado pt Estou viajando pt Bristol pt W.*

– É um código nosso. *Visitado* significa "procurado pela Polícia". *Bristol* é o nome do hotel onde ficamos na Argentina. Werner fugiu e acho que estão atrás de mim.

– Talvez você esteja impressionada.

– Espere. Fui ao Banco Pfeiffer retirar dinheiro com um cheque assinado por Werner. O caixa consultou o arquivo e respondeu que a conta estava bloqueada. Depois ficou me olhando de um jeito desconfiado e me pediu para aguardar. Foi até o fundo da sala para falar com o gerente. Ficaram conversando e me apontando. O funcionário, então, pegou o telefone. Fiquei com medo. Saí dali e retornei para o hotel. Lá, me disseram que umas pessoas desconhecidas estiveram perguntando por mim. Deve ser a Polícia!

Ruth está inquieta como um coelho assustado. Curt esboça um plano.

— Temos que tirar você do hotel.
— Eles podem me prender.
— Espere um pouco. Não saia daqui.
— Não me deixe sozinha?
— Volto em dez minutos. Fique calma!

Curt retorna ao escritório e ignora os comentários picantes dos funcionários sobre a visita da exuberante Ruth. Pega o telefone e liga para seu amigo Günther, no Banco Pfeiffer. Pergunta a ele se há algum problema com a conta de Werner Cremer. Günther pede um tempo. Passam alguns minutos e ele retorna ao aparelho.

— Esse sujeito está sendo procurado. Recebemos orientação para bloquear a conta e denunciar à Polícia caso ele apareça.
— E quanto à esposa?
— A sua amiga Ruth? Vale o mesmo. Ela esteve aqui há pouco tentando descontar um cheque do marido, mas conseguiu escapar antes que o caixa chamasse a Polícia. Acho que ela está em maus lençóis.

Curt telefona para o Hotel Jung.

— Quero falar com Bernhard, por obséquio.
— Pois não? — Curt escuta a voz do atendente.
— Aqui é Curt, lembra-se de mim?
— Claro, *Herr* Clason. Em que posso ajudá-lo?
— Preciso de um grande favor.

Curt pede que Bernhard vá ao quarto de Ruth, coloque as coisas dela na mala e a deixe na portaria.

— O senhor não está me colocando em nenhuma confusão, não é?

— Não haverá problema se você agir com discrição. Em uma hora passo aí para buscar. Prometo uma boa gorjeta.

A terceira ligação é para o cônsul Paulig.

— Meu jovem, quanto tempo? Não o tenho visto nas nossas festas.

— Sou um escravo do trabalho, *Herr* Paulig. Preciso de um favor. Não é para mim, mas para nossa amiga Ruth Cremer, lembra-se dela?

— Ruth Cremer é inesquecível.

— O marido dela, o major Werner, teve que viajar abruptamente para Buenos Aires. Ela está tomando um trem para o Rio de Janeiro e, por várias coisas que estão acontecendo, é conveniente que ela seja incluída na relação dos diplomatas a serem repatriados.

— Vou ver o que posso fazer, mas não estou em posição de garantir nada.

Curt reencontra Ruth na lancheria. Ela bebe um cálice de conhaque, esfrega as mãos e olha para os lados sem parar.

— Você demorou! Me deixou aqui sozinha — ela reclama com uma voz chorosa.

— Fique calma. Vou buscar suas coisas e já volto.

Curt entra no saguão do Hotel Jung e enxerga dois homens sentados no sofá lendo jornais. Seus olhos parecem periscópios. Dirige-se calmamente ao balcão e pergunta por Bernhard. Este aparece com uma mala e uma frasqueira nas mãos.

— Por aqui — Curt indica.

Tem a incômoda sensação de que a qualquer momento o pegarão pelas costas, mas tenta agir naturalmente. Deixam o hotel. Bernhard coloca as bagagens no DKW. Curt lhe alcança uma gorjeta considerável, entra no carro e acelera.

Curt retorna à lancheria. Ruth está uma pilha de nervos.

— Vamos embora — ele manda.

— Para onde? E as minhas coisas?!

— Estão no auto. Escute, você não pode viajar de navio nem de avião, porque iriam pedir sua identificação. A única possibilidade é ir de trem.

Curt estaciona no pátio da estação ferroviária. Diz a Ruth que o aguarde. No guichê, pede uma passagem para o Rio de Janeiro, mas o próximo trem só sairá no dia seguinte. Pensa um pouco e compra um *ticket* para São Paulo. Retorna ao automóvel.

— Preste atenção. Você vai embarcar no trem até São Paulo, que sai daqui a uma hora. Quando chegar à Estação da Luz, um amigo chamado Eduard Arnold estará esperando. Se por acaso ele não estiver, você deve procurá-lo no Hotel Aurora.

— Eduard Arnold, Hotel Aurora — ela repete.

— Quando você encontrar Arnold peça para ele me mandar um telegrama: *Cheguei bem*. Ele vai providenciar sua viagem ao Rio de Janeiro. Chegando lá, vá direto à embaixada da Alemanha. Falei com o cônsul Paulig e ele está tomando providências para incluí-la na lista de repatriamento de diplomatas alemães.

Próximo à hora do embarque, os dois se dirigem à plataforma.

— Não vamos mais nos ver?

Curt a beija no rosto. Quando o trem parte, ele envia um telegrama para Arnold no Hotel Aurora, com as instruções e a descrição física de Ruth. Dois dias depois, recebe a resposta de São Paulo: *Cheguei bem*.

Plínio Brasil Milano estabeleceu um sistema de contraespionagem baseado nos G-Men, o programa de vigilância instituído por J. Edgar Hoover no FBI. Dezenas de agentes são espalhados para atuar em ambientes de influência alemã, como fábricas, sindicatos, clubes e igrejas católicas e luteranas. Plínio vai examinando as fichas que chegam: Gottfried Vetter, 32 anos, *pedante e retórico, diz que é técnico em máquinas de escrever, mas costuma viajar para lugares onde elas não existem;* Rudolf Wulehorst, 42 anos, pastor evangélico, *oficiou o recente funeral nazista em Novo Hamburgo;* Johannes Plasswicht, 38 anos, *angariava donativos para o inverno na Alemanha. Quando dormia, sonhava com Hitler...;* Wilhelm Wrebel, 28 anos, *em cartas encontradas em seu poder constam inacreditáveis ofensas ao Brasil. Esse merece um pouco mais do que prisão perpétua com trabalhos forçados...;* Osvaldo Atkinson, 38 anos, *toda a sua correspondência pessoal termina com a saudação Heil, Hitler.*

Uma chama especialmente sua atenção: Curt Meyer-Clason, 31 anos, comerciante: *Quando chegou a Porto Alegre, há cerca de um ano, era completamente desconhecido pela colônia alemã. Em pouco tempo, tornou-se popular, é sócio de todos clubes alemães, exímio jogador de tênis, tem fama de conquistador e frequenta as festas do cônsul Paulig. Por enquanto não há nada concreto contra ele, a não ser o fato de que é um esbanjador. Possui um automóvel conversível que não custa menos de 14 contos e gasta muito em roupas, pois está sempre bem vestido. No entanto, segundo apurei, o salário dele não passa de um conto de réis que recebe na Casa Alemã, a loja de móveis dos irmãos Ruschel. Ele também cumpre expediente na firma de Oscar Berwanger, mas lá não tem salário fixo. Trabalha por comissão.*

O delegado coloca a ficha na pilha das prioridades.

A montanha-russa que se tornou a vida de Curt ingressa em uma descida íngreme, vertiginosa e inapelável, e desta vez a culpa não é dele. Os negócios com a Alemanha já se encontravam estagnados, mas o drama cresceu a partir do ingresso dos Estados Unidos na guerra, consequência do incompreensível bombardeio de Pearl Harbour pelos aviões japoneses. Repentinamente, os norte-americanos se tornaram guardiões da liberdade e não apenas mandam soldados para o front, mas fazem valer seu poderio nas áreas de influência.

Curt descreve seus temores na carta de final de ano a *Frau* Emilie.

Porto Alegre, 19 de dezembro de 1941
Liebe Mutti.
No geral a situação tornou-se mais tensa, embora externamente nada ou pouco se observe. Pode se dizer que tudo está ao signo da propaganda dos Estados Unidos e na sua influência psicológica no público. Desde o denominado estado de guerra dos Estados Unidos contra o Eixo, as notícias da Alemanha desapareceram de todos os jornais. No Rio, todas as fontes de informações foram severamente instadas a publicar notícias favoráveis aos Estados Unidos e deixar de lado qualquer assunto que aparente ser favorável ao Eixo. Portanto, o que se lê: completa derrota na frente oriental, pouco sucesso dos japoneses no mar do sul, fenomenal resistência dos tommies em Hong Kong.

A Condor, companhia de aviação brasileira ligada à Lufthansa, deixou de voar porque as companhias americanas de combustíveis não lhes vendem gasolina, assim só a Panair está operando na América do Sul, um velho plano dos yankees. Ficamos obrigados (inclusive os diplomatas) a viajar de trem, de auto ou de ônibus, todos incômodos, dificultosos ou aborrecidos. A correspondência de Porto Alegre para aí é levada pela Panair a Recife e lá é entregue à Lati, ficando sujeita a todo o tipo de "enganos".

A calma geral na cidade – e o visível nervosismo dos intimamente atingidos – é particularmente interessante de se observar. A Polícia tem mais de cem agentes secretos em atividade que fazem "grandes ouvidos" com o fito de prenderem os que fazem afirmações inamistosas sobre a América. Já existem muitos nos campos de concentração e nas casas de correção presos para averiguações. Do ponto de vista europeu, alguns casos são absurdos e irrisórios. Por isso, o homem sábio se retrai – cala a boca – enquanto não chega a sua vez. Enquanto o Brasil não declarar guerra, ainda é possível sair da prisão com o auxílio dos representantes do Reich. A alguns alemães é proibido afastarem-se de Porto Alegre. Aos brasileiros que mantêm negócios com os Estados Unidos tornou-se impossível manter relações de amizade com alemães ou teuto-brasileiros, porque a Polícia lhes segue os passos e as informações seguem de mão em mão ao cônsul americano, que então insinua direta ou indiretamente a essas pessoas que seus filhos convivem com outstanding nazis.

A mais importante empresa de navegação aérea do interior de São Paulo para o Rio de Janeiro, que pertencia a brasileiros e voava com pilotos alemães e peças alemãs também foi comprada pelos americanos por cerca de 3 milhões de marcos. Tudo isto no futuro prejudicará o comércio alemão, sem falar na lista negra referente a ingredientes norte-americanos. A gente (falo dos alemães há muito tempo radicados aqui com negócios próprios, firmas, casas de comércio e fábricas de toda espécie) terá que ter muita sorte para poder safar-se. Por exemplo: num Estado como o Rio Grande do Sul existem muitas firmas estrangeiras que agora têm dificuldades para movimentar seus capitais, são obrigadas a mostrar à fiscalização bancária do país todos os cheques e letras de câmbio, antes que o respectivo banco possa pagá-los. Na época de incerteza seria nor-

mal a autodefesa dos negócios e costumes, porém essas providências recaem exclusivamente sobre os súditos do Eixo.

Getúlio Vargas, que, por certo, está numa situação crítica, parece querer virar-se e se mexer, mas não se espera nada da Conferência Interamericana que ocorrerá no Rio, em janeiro. Pessoas que julgam as coisas com pessimismo contam como certo o ingresso do Brasil na guerra, o que não será na forma de uma Brazilian Expedicionary Force, mas da ocupação pelos yankees de todos os pontos estratégicos. Campos de concentração em massa? Hoje não se pensa nisso. Confisco de bens e propriedades? Não é impossível.

Especulações e prognósticos sobre a guerra ou a minha possibilidade de retorno são incertos. Mas ainda existem sinais. Então, esperemos por um, apesar de tudo. Esse é meu desejo de Natal para você e para todos.

Muito querido seu.
Curt

O verão de 1942 transforma Porto Alegre em um caldeirão ardente e sufocante, como se o mundo estivesse a ponto de se acabar. Curt dirige o DKW Kabriolet rumo à residência de Margot Müller, que se animou a organizar uma festa ao cair da tarde no primeiro sábado de janeiro. A casa dela situa-se logo adiante da residência do cônsul Paulig, o qual, por razões óbvias, suspendeu seus concorridos *happenings*.

Margot instalou lampiões nas árvores do pátio, acomodou o *buffet* no terraço, ao lado de um bar improvisado com todo o tipo de bebidas e acepipes, distribuiu amplificadores pelo pátio para irradiar o samba vindo da eletrola. "Um Carnaval brasileiro praticado por alemães sem leveza e armados na costumeira arrogância", pensa Curt, mas logo admite que pode estar sendo muito severo com os jovens, que parecem apenas preocupados em se divertir.

Elizabeth Wolckmar é a primeira conhecida que encontra, sentada diante do bar ao lado de Dieter Rotermund, os rostos quase colados. Curt dirige a ela um esboço de sorriso. Ela retruca com uma expressão de desapontamento que o tortura.

Hildegaard Ullmann aborda Curt com um semblante iluminado.

– Pensei que não viria – ela diz.

– Tenho que aproveitar a vida enquanto posso. E ademais – ele acaricia o rosto da garota –, só por esse sorriso já valeu a pena ter vindo.

Hilli é chamada pelas amigas e perde-se saltitante no meio da festa. Curt serve-se de cerveja. Margot dança com os braços elevados e faz um movimento de quadris em sua direção, sugerindo uma reaproximação erótica – os dois tiveram um breve interlúdio há alguns meses. Curt ergue o copo, mas afasta-se dela em direção à margem do Guaíba, onde o cheiro de éter briga com o aroma acre do rio. Alguém lhe oferece lança-perfume. Ele aceita de bom grado. Aspira profundamente o conteúdo da bisnaga e sai a caminhar, mas logo lamenta que o efeito não foi o esperado. Volta à mesa dos drinques, troca a cerveja pelo *champagne* e circula pelos grupos. Todos falam alto, riem, movimentam seus corpos suados.

Normalmente, Curt estaria no centro de um desses grupos, tirando coelhos da cartola para monopolizar as atenções. Agora, fica à distância, retraído, bebe e segue adiante, ostentando um sorriso resignado, dolorosamente convencido de que não pertence mais ao que está à sua volta.

Uma lua grandiosa sucede com brilho ao esplêndido cair do sol. Os convidados trouxeram travesseiros, colchas e cadeiras de praia e se acomodam sobre a areia úmida da margem.

Curt só veio com a roupa do corpo. Tira a camisa e as calças e ingressa lentamente no rio, só de cuecas. Os outros riem e alguns o imitam. Quando a água alcança-lhe a cintura, ele deita sobre o leito do rio e deixa-se flutuar de costas com os olhos abertos para a lua e o pensamento encalhado em algum lugar estranho e inexpugnável. O corpo balança ao ritmo de pequenas marolas. Por vezes, um dos ouvidos emerge e escuta a música e as gargalhadas, mas logo se envolve na quietude do submerso. Não sabe quanto tempo ficou boiando. Quando retorna à margem, a sorridente Hilli o aguarda com uma toalha.

– Quer dançar?

Curt nega com uma careta. Hilli imita a careta dele de uma forma divertida.

– Você cintila de uma forma tão natural. Como consegue? – Curt a elogia.

Hilli sorri, comovida. Ficam alguns instantes em silêncio. Finalmente, ela propõe:

– Venha comigo passar as férias em Torres. Minha avó tem uma casa grande perto do mar. Se estiver cheia, existe uma pensão confortável e barata bem pertinho. Quero muito que você nos acompanhe.

A 3ª Reunião de Consulta dos Ministros das Relações Exteriores das Repúblicas Americanas, instalada em 15 de janeiro de 1942 no Palácio Tiradentes, no Rio de Janeiro, teria um desfecho previsível: aprovar uma resolução proposta pelos Estados Unidos de rompimento com a Alemanha, Itália e Japão. Contudo, o chanceler Ariel Guiñazú defendeu a posição de neutralidade histórica da Argentina e levou consigo o voto do Chile. Como a proposta de rompimento exigia a unanimidade dos países, os norte-americanos tiveram que se contentar com apenas uma recomendação pelo rompimento.

Curt lê as notícias sobre o protagonismo do conde Guiñazú, agora ministro das Relações Exteriores, e lhe vem à mente a doce Celina. Ela deve estar em Buenos Aires, tão perto segundo o mapa, mas tão afastada pelas vicissitudes do mundo.

Mesmo com a resistência argentina, os Estados Unidos conseguem aprovar uma série de resoluções que garantem a colaboração dos países do continente, especialmente o fornecimento prioritário de matéria-prima para sua indústria bélica. A reunião terminaria morna e insossa, mas o presidente Getúlio Vargas reserva uma surpresa para o último dia: o Brasil anuncia o rompimento das relações diplomáticas com os países do Eixo.

※

Do guichê da Delegacia de Estrangeiros, no fundo do saguão, se origina uma fila que quase alcança a porta central do prédio da Repartição Central de Polícia. Curt aguarda sua vez com impaciência. Nota que quase todos são de origem alemã ou italiana, os quais agora só podem deixar a cidade munidos de um passe fornecido pela Polícia. Após mais de uma hora, ele chega diante do funcionário encarregado, que lhe alcança um formulário. Começa a preenchê-lo de pé, no balcão. *Nome*: Curt Werner Mayer-Clason. *Idade*: 31 anos. *Nacionalidade*: Alemã. *Destino*: Torres. *Duração da viagem*: Pensa por alguns segundos e escreve, aleatoriamente, "uma semana". Entrega o formulário, o passaporte com validade até 28 de janeiro de 1944 e duas fotografias ao funcionário. Este revisa o documento, compara com uma lista que conserva junto de si e olha para Curt:

– Um momento, por favor.

Deixa a sala e retorna em alguns minutos com outro agente, que lhe pede.

– Por favor, me acompanhe!

Os guardas conduzem Curt para uma sala contígua. O segundo agente pede que ele aguarde. Curt senta e espera por torturantes minutos, até que aparece um policial uniformizado:

– Venha comigo.

Ele segue o guarda através da alguns corredores e escadas e mais ou menos imagina o que está acontecendo. Chegam a uma cela gradeada. O policial abre a porta:

– Entre aí!

– Está havendo algum engano – protesta Curt. – Estou apenas esperando pelo meu passe.

O policial o agarra pelo braço e praticamente o joga dentro da cela.

– Não estou entendendo!

– Ordens do chefe – o agente tranca a porta e o deixa sozinho.

O cadeado balança. Curt mergulha em um profundo vazio.

———

No quarto de Curt na pensão, os inspetores Índio Duarte e Domingos Machado encontram 65 exemplares da revista *Newsweek*, um exemplar da revista *Picture Post*, uma planta da cidade de Buenos Aires, cartões-postais da cidade de Rio Grande, um talão de cheques do banco Pfeiffer S/A, material de correspondência em branco com timbre da firma A Controladora, uma caixa de papelão com dezenas de cartões de visita, uma pasta contendo correspondência comercial destinada a várias firmas nacionais e estrangeiras, cartas particulares, uma pequena agenda relacionando endereços nacionais e estrangeiros, um guia da Companhia Telefônica de São Paulo e dois álbuns de fotografias.

O empresário Emil Paul Ullmann entrega à Polícia uma pasta pertencente a Curt que se encontrava na residência de sua filha Hildegaard, à Rua Marquês do Pombal, nº 790, com a condição de que ela não fosse incomodada. Ela continha cartas trocadas entre Curt e Eduard Arnold. Na firma de Oscar Berwanger, os policiais apreendem mais objetos de Curt Meyer-Clason: uma carteira de saúde fornecida pelo governo de São Paulo, outras de sócio do Sport Club Germânia e da Sociedade Alemã de Mútuo Socorro da São Paulo, um envelope de documentos para fins de naturalização, um recibo de compra de automóvel DKW, apólices de seguro contra roubo da The London Assurance e contra danos da Cia. Internacional de Seguros, ambas relacionadas ao veículo, atestados de empresas onde trabalhou e uma identificação de sócio da Sociedade de Artes, Letras e Ciências de São Paulo.

Cristo Redentor

O delegado Plínio Brasil Milano está sentado em sua poltrona de couro, debruçado sobre a escrivaninha, tendo o retrato de Getúlio Vargas às suas costas. Tem a gravata levemente frouxa e sua camisa branca está arremangada à altura dos cotovelos. Ele brinca com um lápis e conversa com o delegado Ernani Baumann, instalado em um birô um pouco menor ao seu lado esquerdo, quando o preso é levado a sua presença.

— Bem, meu jovem amigo... — o delegado Plínio Brasil Milano lê o nome na ficha sobre sua mesa — Hans Curt Werner Meyer-Clason, acertei a pronúncia?

Curt acha graça da forma caricata como o delegado leu o seu nome.

— Enfim, vamos conversar. Aceita um café? — Plínio pede para um funcionário servi-los. — Eu gostaria de ser breve e resolver esse assunto sem delongas. Em qual missão você está envolvido aqui no Rio Grande do Sul?

— Sou um comerciante de algodão.

Na outra mesa o delegado Baumann deixa escapar uma interjeição jocosa. Plínio permanece imperturbável.

— Eu acreditaria nisso se alguma autoridade no assunto viesse aqui e me provasse que o Rio Grande do Sul, meu Estado natal, produz algodão.

— Minha empresa controla a remessa de todos os tipos de produtos: algodão, óleos, feijão, arroz, peles...

— Remessas — esbraveja Baumann dando um soco na mesa.

— O que mais? — prossegue Plínio.

— A empresa que represento mantém escritórios de controle em todos os centros de produção na Índia, Ásia, América Latina...

— Balela — a voz de Baumann parece um rosnado.

— Bem, meu jovem amigo, não temos muito tempo hoje para assuntos "comerciais". Explique, de forma sucinta, em nome de qual autoridade militar alemã você controla os embarques do Brasil, um país amante da paz, para entregá-los aos torpedeiros alemães.

— Ouça, eu cheguei ao Brasil há quatro anos como comerciante de algodão. Há menos de dois anos estou em Porto Alegre trabalhando na empresa de Oscar Berwanger...

— Deixe essa honrada empresa brasileira fora disso! — exclama Baumann.

— Meu rapaz. Estou sendo compreensivo — Plínio faz o papel do policial bonzinho. — Se estivéssemos em paz, eu até lhe convidaria para passar um fim de semana na minha fazenda no Alegrete, mas estamos em guerra. Sua guerra!

Plínio adquire uma postura mais incisiva. Espera alguma resposta de Curt, mas não consegue. O delegado então faz soar uma campainha. Um policial armado traz dois malotes de papéis e os coloca sobre a mesa do chefe. Plínio começa a manuseá-los. Curt sabe do que se trata.

— Reconhece? Seus arquivos secretos.

Curt solta uma risada nervosa. Baumann levanta-se e aperta seu ombro.

— Insolente! Mantenha a compostura! — grita.

— Tratam de assuntos comerciais, de trabalho — Curt tenta minimizar.

Plínio vai folheando as cartas uma por uma, de uma forma quase teatral.

— Cópias de cartas para um tal Eduard Arnold, para sua progenitora na Alemanha, para a embaixada alemã, para um tal de Deutsches Ausland Institut. Não é uma organização nazista?

— É uma entidade destinada a ajudar os alemães no exterior.

— Não enrole! Sabemos bem do que se trata, não concorda, doutor Baumann?

— Uma associação de fachada para atividades nazistas.

— Fica claro nas correspondências que sou um agente de negócios – Curt retoma a palavra. – Enviei estatísticas oficiais sobre o movimento do porto para meus clientes para conhecimento sobre o mercado. Não há nada de secreto. São informações publicadas nos jornais e relatórios públicos. É uma prática no comércio internacional!

Plínio separa um dos materiais.

— E esse relatório? Também está nos jornais? – Plínio mostra a cópia da correspondência sobre a orientação de empresários gaúchos frente ao 3º Reich. – Escrito com tinta invisível com solução de Pyramidon. É também uma prática *normal*?

Curt pensa em justificar que, numa situação de guerra, é razoável que as empresas queiram saber das tendências das pessoas com quem negociam, mas ele próprio já não tem certeza.

— O nome disso é espionagem, meu jovem amigo – afirma Plínio. – Consta que você tentou se infiltrar em clubes ingleses em Recife, confere.

— Tenho ascendência inglesa por parte de mãe – Curt responde, sem muita ênfase.

— Talvez esse documento você não conheça.

O delegado alcança a Curt uma folha de papel com timbre da Secretaria da Segurança de Pernambuco e um texto datilografado: *Hans Curt Werner Meyer-Clason, que se dizia inglês, passou por Recife, quando se dizia antinazista, mas foi sempre objeto de observação, pois parecia, antes, um agente alemão disfarçado. Dizia-se filho de inglesa residente em Liverpool e de pai já falecido. Quando esteve em Recife trabalhou ao lado da firma inglesa de John Thom, que o afastou logo que ficou sabendo de sua verdadeira nacionalidade e ideologia política. Frequentou nesta capital os clubes ingleses por algum tempo, tendo sido afastado deles pelos mesmos motivos. Sabe-se que em São Paulo, em 1937, trabalhou para a firma Edward T. Robertson, como controlador de pesos. Meyer-Clason foi tido pelo consulado britânico em Pernambuco como elemento suspeito. A Polícia Marítima de Pernambuco teve ocasião de investigar as atividades de Hans Curt no Recife apurando o que em linhas retro se lê, não havendo, entretanto, aberto qualquer inquérito sobre o mesmo. (a) Renato Medeiros, inspetor 1ª Secção da Diretoria do Expediente e Contabilidade da Secretaria de Segurança Pública do Estado em 3 de março de 1942.*

– Como eu disse, tenho ascendência inglesa e daí nasceu este mal-entendido.

– Ele foi espionar as rotas dos navios que seguem para a Europa – grita Baumann. – Está na cara!

– Não é verdade, fui investigado e não encontraram nada contra mim, como consta nesse relatório. Não abriram nenhum inquérito!

– Vamos voltar ao nosso chão – Plínio retoma a palavra. – Nos fale de suas relações com o cônsul Richard Paulig.

– Senhor delegado, não perca de vista que sou um cidadão alemão.

– Quando convém é alemão, quando convém tem ascendência inglesa – objeta Baumann.

– Realizo negócios com a Alemanha que passam necessariamente pelo consulado, como o senhor deve saber.

– Vai negar que era *habitué* na casa do cônsul?

– Ele promovia festas, eu era seu convidado como dezenas de outras pessoas. Uma atividade social, na qual inclusive era proibido falar sobre política.

Baumann solta outra interjeição de desprezo.

– Vamos falar de uma conhecida sua, Ruth Cremer.

Curt estremece:

– Uma amiga – alega.

– Amiga muito especial – Baumann debocha.

– Esposa de um oficial alemão vinculado à Gestapo, mas isso você deve saber – acrescenta o delegado Plínio.

– Não conheci o esposo de madame Ruth, sei que era empresário em Blumenau.

– Não o conheceu?

– Não.

– Estava ocupado em fornicar com a esposa dele – Baumann exclama, sarcástico.

– Por favor, doutor Baumann – Plínio o censura. Volta-se para Curt: – Você ajudou Ruth Cremer a fugir?

– Acompanhei-a à estação ferroviária, não creio que se tratasse de fuga.

– Você sabia que ela colaborava com o marido nas ações de espionagem?

– Pelo menos, nunca soube disso.

Plínio Brasil Milano olha o relógio de pulso.

– Vamos terminar por hoje. Levem o senhor Meyer-Clason de volta ao porão para que ele reflita por alguns dias sobre o seu comportamento e a gravidade da situação na qual se encontra. Talvez na próxima conversa, daqui a alguns dias, seja mais colaborativo.

Do lado de fora da cela, três policiais uniformizados falam alto, fumam e jogam cartas. Sobre a mesa, há duas garrafas, um telefone e alguns jornais desgrenhados. Curt conserva as costas grudadas na parede da cela, os joelhos levemente dobrados e tenta manter os braços estendidos para os lados, caso contrário um deles lhe aplicará golpes de cassetete. A dor nos ombros é insuportável. Lentamente, as mãos escorregam para baixo, sem que Curt as controle.

O delegado Ernani Baumann irrompe na sala, olha para o preso com fúria e dá uma descompostura nos policiais. Depois, vai até as grades da cela e grita:

— Levante os braços, filho da puta!

Curt obedece. Baumann deixa a sala praguejando. Um dos guardas aproxima-se dele:

— Assim você nos deixa mal com o chefe.

Outro comenta:

— O ombro esquerdo está mais alto que o direito. Parece um Cristo Redentor meio desconjuntado. Nunca serviu ao Exército, seu rato nazista!

O ambiente fede a cerveja e tabaco. Curt tenta contar mentalmente para passar o tempo, mas logo se perde. A câimbra começa a afetar as pernas, que ele não consegue manter esticadas. Um deles pergunta:

— Que horas são, Romano?

— Meia-noite.

O guarda que fez a pergunta dirige-se a Curt.

— Por hoje, chega de Corcovado. Prepare-se para um domingo inteiro de Cristo Redentor.

Curt pronuncia o nome do delegado Plínio expelindo uma espuma pela boca.

— O que você quer? O doutor Plínio está em sua fazenda. Só volta na segunda-feira. Enquanto isso, segue meu conselho:

aprenda a falar, cuspa tudo, senão vai virar um Cristo Redentor por toda a eternidade.

O corpo de Curt desliza para o chão e ele se acomoda de forma precária, até pegar no sono.

O sujeito que agora está diante do delegado Plínio Brasil Milano chama-se Eduard Arnold, preso em São Paulo a pedido da Polícia gaúcha e remetido a Porto Alegre. Após ser qualificado – brasileiro, 47 anos, nascido na capital federal, de profissão comerciante –, relata com grande riqueza de detalhes seu envolvimento com Jabst Raven, Albrecht Engels e Erich Immers.

– Como o senhor conheceu Hans Curt Meyer-Clason?

– O major Immers solicitou o endereço de Clason, pois desejava lhe transmitir um recado de sua progenitora. Fiz uma pesquisa entre os colegas, consegui localizá-lo e marquei um encontro entre os dois, no Clube Germânia.

– O senhor participou da conversa?

– A pedido do major Immers, deixei os dois a sós.

– Não sabe o teor da conversa.

– Soube depois. Immers o convidou para desempenhar o papel de informante em Porto Alegre.

– Clason fez algum comentário sobre essa nova missão?

– Disse que no seu entender seria uma tarefa difícil de desempenhar, pois acreditava que não havia muito a rastrear.

– Rastrear! Ele usou esse termo? – grita Baumann.

– Ou algo parecido.

– A esta altura, o senhor já era espião nazista – Plínio pergunta de supetão.

Arnold engasga-se.

— Não diria isso.

— Mas como? O senhor prestava informações sobre navios, cargas, horários. Isso não é espionagem?

Eduard Arnold fica em silêncio.

— Vamos voltar a Hans Curt Clason. Vocês, então, passaram a trabalhar juntos no *bureau* Engels-Immers, confere?

— Nosso vínculo era econômico. Foi uma questão de conveniência. Ele viria a Porto Alegre para fazer um serviço para a empresa norte-americana...

— Mas ele já estava demitido!

— Sim, mas o antigo chefe o convidou para um serviço informal, extranumerário. Então, combinamos que ele seria o agente em Porto Alegre da firma que represento, a Kieling & Cia.

— Firma alemã?

— Com sede em Bremen.

— O senhor quer me convencer que Clason veio a Porto Alegre como simples negociante? Ele pensa que somos tolos, doutor Baumann! — exclama o delegado Plínio, sem tirar os olhos de Eduard Arnold. — Temos documentação suficiente para desmentir essa versão.

Eduard Arnold respira fundo:

— Na minha opinião, a vinda dele obedeceu a dois objetivos primordiais: representar a Kieling e prestar serviços ao capitão Immers.

— Serviços de espionagem!

— Ele fazia levantamentos, aliás, bem completos, sobre possibilidades de negócios envolvendo produtos rio-grandenses para a Alemanha.

— Enviava mensagens em código.

— Combinamos códigos porque eram informações confidenciais. No sentido comercial, quero esclarecer.

O delegado Plínio mostra um maço de folhas ao interrogado.

— Reconhece esse material? Foi elaborado pelo seu amigo Clason. Aqui há informações sobre a ideologia de empresários gaúchos. O que o senhor tem a dizer a respeito?

— A Kieling encomendou...

— A Kieling ou o Alto Comando alemão?

— Como todas as empresas alemãs, a Kieling está vinculada ao Alto Comando. Encomendou um levantamento das empresas gaúchas que negociavam com a Inglaterra e os Estados Unidos e qual a orientação dos seus proprietários.

— Para a elaboração de listas negras? – acusa Plínio.

— Não saberia dizer.

— O que o senhor sabe sobre Ruth Cremer?

— Há cerca de dois meses, Clason enviou mensagem pedindo que eu recebesse na estação ferroviária e reservasse cômodos no hotel para uma senhora chamada Ruth Cremer, mas eu só recebi o recado mais tarde, pois estava em Campos do Jordão visitando um cunhado que estava doente. Quando retornei, madame Cremer me procurou no Hotel Aurora. Pediu que eu telegrafasse a Clason com uma mensagem: *Cheguei bem*.

— Quais as relações entre Clason e Ruth?

Arnold dá de ombros.

— O senhor deve ter uma opinião.

— Suponho que fossem amantes, pela forma como ela se referia a ele.

— O senhor sabia que o marido de Ruth Cremer é espião da Gestapo e que ela provavelmente também seja?

— Não tenho conhecimento.

— Onde se encontra dona Ruth?

— Recebi uma mensagem que ela estaria hospedada no Hotel Roxy, no Rio de Janeiro. Esperava ser incluída na lista dos diplomatas a serem repatriados.

— Quando o senhor soube da prisão de Hans Curt Meyer-Clason?

— Eu estava em uma roda de conversas no Sport Club Germânia quando o senhor Morgener, funcionário do consulado alemão em São Paulo, comunicou que ele havia sido preso por espionagem. Foi um assunto muito comentado.

— Em que sentido?

— Por exemplo, o secretário do consulado disse: "Estou curioso para saber se ele foi preso como espião alemão ou inglês". O corpo consular não confiava muito nele.

— De onde nasceriam essas desconfianças?

— Clason foi praticamente expulso do clube Germânia. Falavam que era antinazista.

— O senhor acredita que ele era antinazista?

— Bem, ele trabalhou para Immers, que era figura importante do Alto Comando, portanto...

— O que mais falaram?

— Não sei. Logo em seguida, fui preso e trazido para Porto Alegre.

— O senhor é brasileiro, mas lutou na guerra de 1914 pela Alemanha.

— Sou filho de alemães, era segundo-tenente do Exército alemão na guerra, mas fui excluído após o desastroso desfecho.

— No momento em que irrompeu o atual conflito, seria natural que o senhor se alistasse na Wehrmacht, não?

— Não cogitei essa possibilidade.

— Como o senhor explica, de modo plausível, que, mesmo sendo brasileiro, tenha desempenhado ações de espionagem no *bureau* Engels-Immers?

— Agi sem pensar nas consequências. De qualquer forma, nessa época, o Brasil se mantinha neutro.

Curt precisa de apoio para subir as escadas e chegar à sala do delegado Plínio Brasil Milano. Sobre a mesa, salta a manchete do *Jornal do Comércio: Submarinos alemães torpedearam a costa sul*. Plínio nota o interesse do preso e aproveita para fustigá-lo:

– Pois então, estamos em guerra. Sua guerra! E aqui perto da nossa costa. Não agradeça a nós, agradeça a Hitler. Mas depois desta guerra surgirá algo novo, diferente. Isso é tão certo como o *amém* na missa. Para este novo ressurgir, a Alemanha deverá sumir do mapa.

Curt mantém os olhos pálidos no gestual agitado do policial.

– E então? Meus rapazes estão lhe tratando bem?

– Sinto-me um Cristo cercado de fiéis.

– Estamos de bom humor, doutor Baumann – Plínio vira-se para seu subordinado.

Baumann fuzila Curt com o olhar colérico.

– Temos novidades para você, meu jovem – anuncia o delegado. – Esteve aqui entre nós, dando o prazer da sua presença, o seu amigo Eduard Arnold. Devo dizer que deixou boa impressão.

A menção do nome de Arnold provoca um abalo em Curt.

– Falou bastante. Deixou sair tudo. Desta forma, meu jovem, não há mais segredos entre nós. Para poupar seu trabalho e o nosso tempo tomamos a liberdade de redigir este manuscrito.

Curt lê as folhas que Plínio lhe alcança.

– Isso não é verdade – ele reclama, quase sem energia.

– Sem objeção. O que está escrito não saiu da nossa imaginação e sim das provas colhidas. Vamos para a máquina – ele aponta o escrivão sentado diante de uma Remington. – A outra opção é voltar ao subsolo!

Curt dormiu por dois ou três dias. Só acordava para fazer as refeições e ir ao banheiro. Está cochilando quando escuta o barulho do cadeado.

– Vamos subir! – o guarda ordena.

Günther está de pé na sala de visitas com uma sacola. Os dois se abraçam.

– E então?

– Parece que morri dez vezes.

– Acabei de ver um "secreta" dirigindo o seu DKW.

Curt dá de ombros. Günther mostra o conteúdo da sacola: algumas roupas e um pacote de cigarros.

– Presente da Hilli. Ela queria vir, mas o pai não deixou.

– Fez bem. Isso não é ambiente para moças como ela. Como ela está?

– O pai dela administrou tudo. Andou muito nervosa, mas agora se acalmou.

– Todos mandaram lembranças.

Curt percebe o constrangimento do amigo.

– Pergunte.

– Essas coisas que falam sobre você...

– Não sou espião. Talvez pudesse ter sido se não fosse tão desastrado – Curt sublinha a autoironia com uma risada.

– O que vai ser agora? – Günther pergunta.

– Ainda não sei.

No dia seguinte, Curt é acordado pelo carcereiro.

– Vamos saindo! Com a bagagem!

O "museu" ocupa uma ampla sala da Repartição Central de Polícia. O delegado Plínio Brasil Milano vai mostrando ao repórter Mario Martins, do jornal *O Radical*, os "troféus" acumulados na campanha contra a infiltração nazista. Um tapume com três metros de altura e seis de largura está inteiramente tomado por capas de jornais e revistas.

– São 1.873 publicações diferentes, todas editadas na Alemanha e enviadas para serem distribuídas aqui no Rio Grande. Muitas conseguimos confiscar – ele aponta para uma pilha de pacotes de papelão amarrados com barbantes.

– Propaganda massiva – exclama o repórter.

– Massiva e descarada, sem contar as que foram impressas por aqui, em quantidades vultosas. Só o *Frankfurter Zeitung* possuía uma tiragem maior do que muitos jornais brasileiros. Todo o trabalho de propaganda era custeado por contribuições compulsórias, uma taxa obrigatória de 5 por cento dos lucros das empresas alemãs, bônus que variavam entre 10 mil e 50 mil réis, e a venda de medalhinhas, distintivos e *souvenirs* – o policial aponta para um conjunto de quadros onde estão afixados centenas de objetos, adereços e cartões de cunho nazista.

O delegado Plínio mostra uma seção dedicada aos uniformes colocados em manequins de gesso, lenços, toalhas, braceletes, bandeiras e cartazes com a cruz suástica e outros símbolos nazistas, mais fotografias gigantescas de figuras proeminentes do Reich, especialmente de Hitler, Goebles, Himmler e Göring. O fotógrafo que acompanha o repórter aciona sua máquina enlouquecidamente.

– Estou impressionado.

– Não viste nada ainda – o delegado aponta para uma estação de rádio montada em um dos cantos da sala. – Esse é o nosso filé mignon. Um radiotransmissor foi trazido através da empresa Condor e seria instalado em um navio no porto de Rio

Grande, obviamente para dar a posição dos nossos cargueiros e facilitar a vida dos corsários e submarinos alemães.

— Tudo isso sob os auspícios do consulado.

— Sem dúvida. Eles deram sumiço no cônsul anterior, Walbeck, que consideravam um frouxo, e apareceu esse Ried, que atuava como elemento de ligação na embaixada. Foi ele quem deu o impulso na propaganda e espionagem nazista. A Deutsches Haus, as associações nazistas e os núcleos do partido foram fechados pelo Estado Novo, mas todas as atividades nazistas foram transferidas para o consulado. Ried usou e abusou da tal imunidade diplomática. A polícia não podia entrar no consulado nem nos vice-consulados. Nada podíamos fazer contra eles, mesmo que tivéssemos certeza de suas ações ilícitas. Eram invioláveis e, como tal, arrogantes. Conseguimos a muito custo remover Ried daqui, mas as ações persistiram com o novo cônsul, que agiu com mais discrição, mas igual periculosidade.

— Conforme combinamos, pretendo visitar a prisão e conversar com alguns nazistas detidos. Gostaria que o senhor me acompanhasse.

— Com todo o prazer.

São 5 e meia de uma manhã fria e seca que sucedeu uma semana de chuva intermitente. O delegado Plínio Brasil Milano está no *hall* do Grande Hotel diante da Praça da Alfândega. Quando o repórter Mario Martins aparece diante dele, vestindo apenas um terno de lã, Plínio sacode a cabeça:

— Trouxe agasalho?

— Precisa mais do que isso?

— Podes ter certeza.

O repórter sobe ao quarto e retorna com sobretudo de gabardine até os joelhos. Os dois atravessam a Praça da Alfândega a passos ligeiros rumo ao cais. O vapor *Porto Alegre* partirá pontualmente às seis horas rumo à Colônia Penal Agrícola General Daltro Filho, localizada às margens do Rio Jacuí.

– Quantos presos estão nesse campo de concentração, doutor Plínio.

– Não diria que é um campo de concentração. Funciona como colônia agrícola. Antigamente, existia ali um abrigo de alienados. Foi necessário realizar algumas adaptações para garantir segurança, tais como construir guaritas, reformar os alojamentos. Provavelmente, é um projeto único no país. Em vez de abrir covas, como fariam num campo de concentração do 3º Reich, os presos aram a terra, plantam batatas, colhem laranjas, produzem e se mantêm ocupados.

– Todos trabalham?

– Sem exceção, do oficial ao soldado raso. Temos cerca de 60 detidos em função da guerra em uma ala separada dos presos comuns.

– Espiões?

– Tem de tudo. Oficiais do Exército, membros da Gestapo, pastores evangélicos, espiões juramentados. Nós possuímos um arquivo interminável sobre as atividades dessa gente. Cada um deles que "cai" sob a ação da nossa polícia torna-se um rio de documentos que corre para o Dops, como um castelo de cartas. O número deles é grande. Onde existe um porto de mar, aí se encontrará uma organização de espionagem.

O *Porto Alegre* atraca no pequeno cais, junto à administração da colônia Penal. O diretor do presídio, Henrique Freitas Lima, os aguarda.

– Para cá vêm os presos que, após um período de reclusão na Casa de Correção, se destacam pelo bom comportamento e terão aqui a possibilidade de progredir. Homens que antes não possuíam ocupação, e talvez por isso se tornaram criminosos, terão tempo de adquirirem afeição à agricultura, aos trabalhos manuais e, quando tiverem cumprido suas penas, sairão curados e úteis à sociedade.

O diretor ficaria horas enaltecendo os méritos da colônia, mas o repórter está interessado nos nazistas.

— Bem, os novos *hóspedes* estão segregados do restante, levando em conta que, a princípio, a presença deles é provisória — ele olha para o delegado Plínio, que confirma sem muita convicção.

— Conforme combinamos, desejo entrevistar alguns deles — refere o jornalista.

— Agora, estão na roça.

— Todos?

— Temos alguns na enfermaria, inclusive seu amigo Neise — o diretor comunica ao delegado Plínio.

— Deste tu vais gostar — o policial anuncia ao repórter. — O 3º Reich é pródigo em nos mandar alguns indivíduos, digamos, anormais, que bem poderiam estar cometendo desordens nos *bas-fonds* do baixo mundo, mas desviaram sua índole destruidora para a política. Vou te mostrar um deles.

O delegado Plínio aponta para o homem deitado em uma cama de ferro.

— Wolfgang Eberhard Neise. Filho de um alto funcionário do Ministério da Justiça de Hitler, um ricaço que se contentava em trabalhar em troca de um quartinho e um prato de comida.

— Folgando hoje, Neise?

— Estou doente do pé.

— Vamos, Neise, conte ao nosso amigo repórter como um aristocrata alemão se dignou a trabalhar como simples empregado em um hotel da estação balneária de Iraí — Plínio fala com ironia.

— Quanto tempo você esteve em Iraí? – Mario Martins pergunta.

— Dois anos.

— Água boa para o fígado, não?

— Para o fígado, para os rins, para os intestinos.

— Vinte e quatro meses não foi tempo demais?

— No verão era divertido, pois vinha muita gente. No inverno, nos distraíamos pescando e caçando.

— E quanto tempo você pensa em ficar agora? – Mario Martins provoca.

— Veremos.

— Quando Hitler for derrotado, você pensa em ser posto em liberdade?

— Será o contrário. Quando Hitler vencer, vou convidá-lo a conhecer a Alemanha, a Gestapo e você poderia escrever muitas reportagens. Aí, sim, você vai ver!

— Ver o quê?

— Quero ver você entrar num quarto e... – Neise passa o dedo pela garganta, com um olhar vidrado.

— Ele tem uma fixação na Noite dos Longos Punhais – o delegado Plínio debocha.

— Hitler não vai vencer – o jornalista Mario provoca. – Pelo que sei, já estão passando fome na Alemanha.

— Fome! – Neise vocifera. – Lá se come melhor do que aqui.

— Então por que vocês querem as nossas terras?

— Terras? Isso aqui não vale nada.

— Chega! – interrompe o delegado Plínio. – Já demos muita trela a esse sujeitinho.

Quando saem da enfermaria, os demais presos estão chegando em formação militar, vestindo roupas de zuarte azul, alguns com chapéus de palha de longas abas para se protegerem do sol.

— Aquele ali — Plínio aponta para um dos presos — era o comandante do navio *Montevidéu*, no qual encontramos um radiotransmissor clandestino de ondas curtas para revelar o movimento dos navios brasileiros ao Ministério da Guerra da Alemanha.

— Gostaria de conversar com ele.

— Perda de tempo. Ele não fala, mas vou lhe apresentar um que vale a pena conversar — anuncia Plínio.

Aproximam-se do rapaz alto, magro, de olhos azuis.

— Hans Curt Meyer-Clason, a flor de estufa vinda dos salões elegantes da Europa para reforçar a espionagem nazista. Dois detalhes devem lhe interessar, meu caro. Seu apelido é *Fred Astaire*, a quem procura imitar, e perde a cabeça com qualquer *Ginger Rogers* que encontre pela frente.

Curt comenta.

— O delegado Plínio sempre reserva palavras amáveis sobre a minha pessoa.

— É um espião confesso e dissimulado. Operava entre figuras importantes da sociedade, do comércio e da indústria, para obter informações valiosas e fornecê-las ao seu superior, o major Erich Immers — Plínio acrescenta.

— E sempre me atribui mais méritos do que eu efetivamente possuo — Curt acrescenta.

— Então, como está se dando? — é o repórter quem pergunta.

Curt tenta ajeitar o cabelo que o vento insiste em despentear.

— A paisagem é interessante.

— É verdade. Nem de longe lembra um campo de concentração.

— Talvez eu preferisse um campo de concentração — Curt surpreende o repórter.

Este faz uma cara de quem não está entendendo.

— Mas... por quê?
— Por motivos psicológicos. Num campo de concentração, teríamos uma atmosfera de guerra, com soldados à vista... E estaríamos de frente para o inimigo. Aqui, não. Tudo é muito dissimulado.

O repórter se ofende:
— Está insinuando que não estamos à altura de seu ideal de guerra?
—- Não me leve a mal. Nada contra você nem contra quem está aqui.
— Talvez você pense assim porque tem de se limitar a plantar batatas — o repórter rebate com escárnio.

Curt dá de ombros. O delegado Plínio atalha.
— Eles todos estão um pouco ansiosos esperando a tal "ofensiva da primavera". Se Hitler fracassar, e haverá de fracassar, todos os nazistas presos e todos os nazistas do mundo inteiro morrerão de tédio e melancolia, porque o mundo estará em paz, e a paz significará a derrota dos que vivem armados na força bruta.

O repórter vira-se para Curt.
— O que você tem a declarar?
— Para mim, tanto faz.

━━▶

Curt pergunta ao carcereiro que lhe empurra um prato fundo de sopa por baixo das grades:
— Por que Frei Caneca?
— Era um padre agitador. Foi fuzilado pelo governo porque se metia em rebeliões. O senhor veja. Matam o sujeito e depois ele vira nome de rua.

– Mas qual a razão desse nome?

– Pelo que sei, o pai dele fabricava pratos, copos e canecas de metal. É só o que eu posso dizer.

O gigantesco presídio da Rua Frei Caneca situa-se no bairro do Estácio. Por uma fresta da janela gradeada Curt consegue enxergar um bom pedaço do morro Santa Tereza, um de seus recantos preferidos no Rio de Janeiro, portanto, um tênue consolo para a situação na qual se encontra.

Logo que chegou, transferido do Rio Grande do Sul, foi levado à sala de identificação, na qual seus dados pessoais foram preenchidos em uma ficha padrão (reprodução ao lado).

A seguir, posou para fotos de frente e de perfil. Um funcionário, provavelmente um preso cumprindo tarefas burocráticas, passou tinta em seus dedos e os pressionou um por um sobre uma folha de cartolina nos respectivos quadradinhos. Feito isso, ofereceu um pano manchado de tinta e enxovalhado pelo uso *full time* para ele limpar as mãos.

Agora, está em uma cela úmida que recebe raios de sol por menos de duas horas por dia. Curt imagina que não ficará ali muito tempo. Logo, os acusados de espionagem serão removidos para um campo de concentração instalado na Ilha Grande, próxima à costa do Rio de Janeiro, para abrigar súditos alemães, italianos e japoneses acusados de ações contra o Brasil. A provisoriedade produz uma ansiedade palpável entre os presos, que andam de um lado a outro, esfregam as mãos, balançam as pernas.

A estada no Frei Caneca dura vinte dias. Às 6 e meia da manhã do dia 7 de abril, Curt está a postos. Veste um terno cinza-claro de linho e uma gravata preta brilhosa que se destaca no vestuário dos 80 presos a serem transferidos para a Ilha Grande. São transportados em seis radiopatrulhas até o cais da Polícia Marítima. Deveria ser uma operação sigilosa, mas a notícia

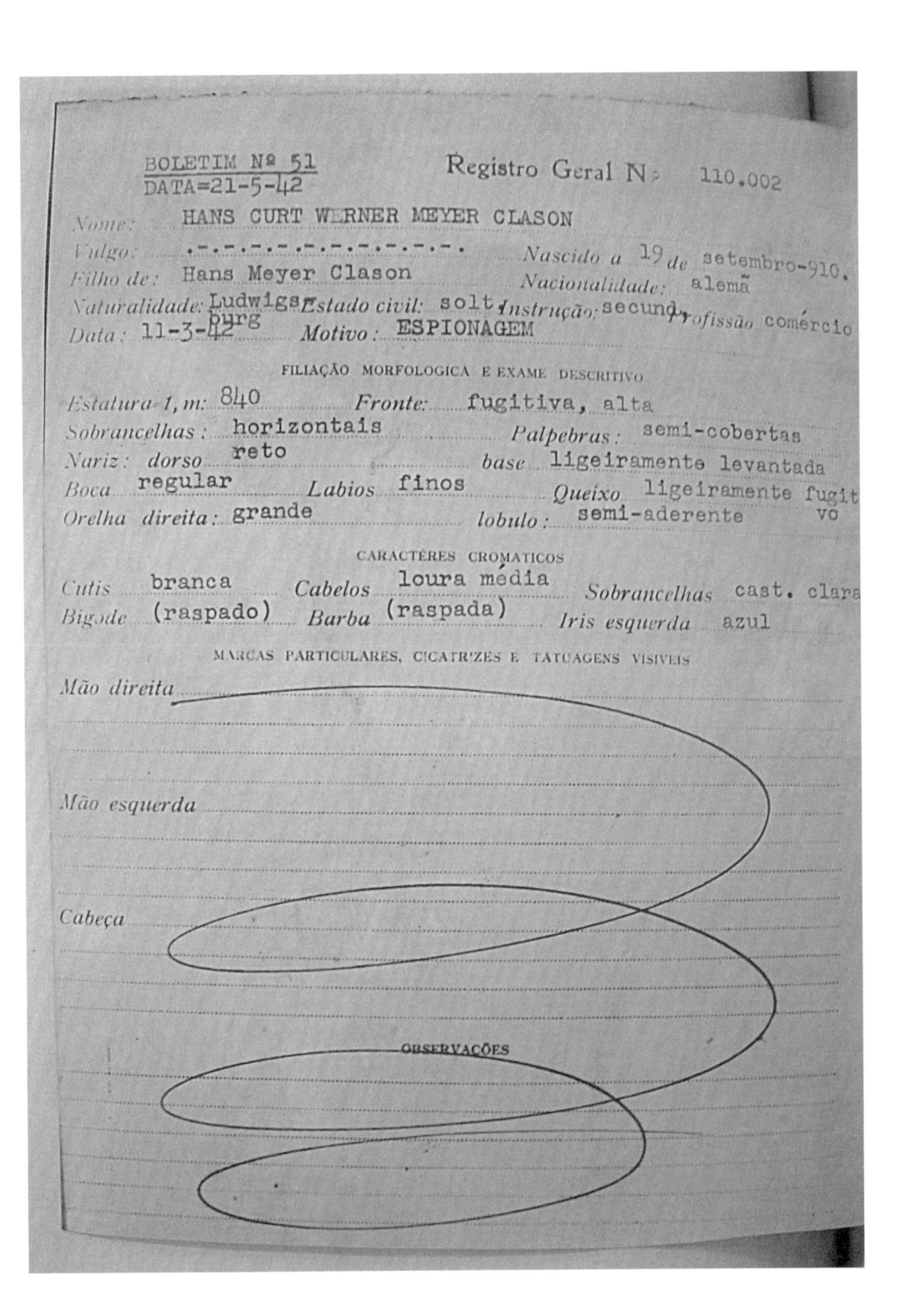

BOLETIM Nº 51
DATA=21-5-42
Registro Geral Nº 110.002

Nome: HANS CURT WERNER MEYER CLASON
Vulgo: .-.-.-.-.-.-.-.-.-.-. *Nascido a* 19 *de* setembro-910
Filho de: Hans Meyer Clason   *Nacionalidade:* alemã
Naturalidade: Ludwigsburg *Estado civil:* solt *Instrução:* secund *Profissão* comércio
Data: 11-3-42   *Motivo:* ESPIONAGEM

FILIAÇÃO MORFOLOGICA E EXAME DESCRITIVO

Estatura 1,m: 840   *Fronte:* fugitiva, alta
Sobrancelhas: horizontais   *Palpebras:* semi-cobertas
Nariz: dorso reto   *base* ligeiramente levantada
Boca regular   *Labios* finos   *Queixo* ligeiramente fugitivo
Orelha direita: grande   *lobulo:* semi-aderente

CARACTÉRES CROMATICOS

Cutis branca   *Cabelos* loura média   *Sobrancelhas* cast. clara
Bigode (raspado) *Barba* (raspada)   *Iris esquerda* azul

MARCAS PARTICULARES, CICATRIZES E TATUAGENS VISIVEIS

Mão direita

Mão esquerda

Cabeça

OBSERVAÇÕES

vazou para os jornais. Ao chegarem, há uma aglomeração no local. Todos querem ver a remoção dos quinta-colunas. Alguns só observam, curiosos; outros debocham e há os que xingam e cospem nos indesejáveis estrangeiros, atiçando o nervosismo dos policiais encarregados. Os presos são praticamente atirados para dentro das lanchas *João Alberto*, *Belisário Távora* e *Aurelino Leal*.

A viagem dura seis horas sob um sol causticante amenizado pela brisa do mar, mas não o suficiente. À medida que a barca de aproxima, a visão da Ilha Grande ganha nitidez. Ao desembarcarem, famintos e torrados pelo sol, os presos são organizados em fila indiana com suas bagagens de mão e conduzidos por policiais armados a uma das alas da Hospedaria dos Imigrantes, adaptada para funcionar como prisão política, bem ao norte da ilha. O edifício imponente onde eles serão alojados está construído no alto de uma encosta, cercado de um amplo gramado, sombreado por figueiras de vários tamanhos. Antes de se misturarem aos presos que já se encontram no presídio, deverão ouvir a preleção do diretor do presídio, João Martins de Almeida:

— Sejam todos bem-vindos ao Presídio Cândido Mendes. Aqui, os senhores receberão tratamento digno, não serão submetidos a nenhuma forma de vexame ou humilhação, terão liberdade para circular livremente durante o dia na área demarcada pela cerca de arame farpado, poderão ler revistas, jornais e livros. A partir das 18 horas, deverão permanecer no pavilhão e às 21 horas, após o jantar, será dado o toque de recolher. Por certo, os senhores encontrarão condições bem melhores do que seus conterrâneos que estão lutando na Europa. Pelo menos, não correm o risco de serem bombardeados pela Royal Air Force.

A última frase deveria soar como piada, mas ninguém ri. O diretor, então, muda o tom da palestra.

— Mas se porventura, por um milésimo de segundo, passar pela cabeça de qualquer um de vocês alguma ideia relacionada com fuga, é bom que ela não se crie. Temos um contingente de cem soldados da Polícia Militar armados de fuzis e metralhadoras, vigiando a cerca 24 horas por dia. As janelas que dão para o mar estão vedadas com barras de ferro. À noite, a vigilância é redobrada. O pátio estará iluminado com holofotes potentes. Nem um rato passa despercebido. Os guardas têm orientação para atirar diante de qualquer movimento suspeito. Estão avisados!

Vira-se para o sujeito musculoso postado à sua direita, com as mãos às costas:

— O senhor Hans Siviers, como a maioria dos senhores, aguarda julgamento no Tribunal de Segurança Nacional. Teve a gentileza de se oferecer para colaborar com o bom andamento da rotina aqui na hospedaria. É a ele que os senhores se dirigirão quando tiverem algum pedido, sugestão, reclamação. Será, portanto, seu canal com a direção do presídio. Espero que todos tenham uma boa estada entre nós e cumpram as regras do nosso estabelecimento.

Siviers conduz os novos presos ao alojamento com um sorriso nos lábios, como se tudo aquilo fosse uma comédia. Afirma que nada dará errado "se a gente souber levar". Alguém pergunta como é a relação com os administradores da prisão.

— Sabe como é: uma mão lava a outra. Aqui somos uma família. Se estiverem preocupados, venham a mim — ele afirma, valorizando suas atribuições.

Curt coloca sua mala — roupas e o pacote de cigarros enviado por Hilli, já pela metade — sobre a cama destinada a ele e sai para dar uma volta. Não fosse pela cerca de arame farpado que delimita a ala destinada aos presos, o local teria o aspecto de um sanatório em estilo colonial. Os presos perambulam a esmo pelo pátio, quase todos vestindo trajes de índigo cor cinza-pérola, esperando o tempo passar.

Em uma peça de uso comum, Curt encontra uma pilha de jornais. Começa a manuseá-los, distraído. Eles mostram notícias de navios brasileiros sendo bombardeados na costa norte-americana por submarinos alemães, o que certamente irá piorar a situação dos presos como ele. No meio dos jornais, encontra uma edição do *Diário Carioca*, com data de 31 de março, com a manchete: *Presos os chefes da espionagem no Rio Grande do Sul*. Logo abaixo, aparece outra notícia em destaque: *Hans Clason centralizava as ações dos agentes do Reich*.

Curt deixa escapar uma gargalhada que surpreende quem está a sua volta. Um deles gira o polegar em torno da orelha.

Curt tem uma *madrinha*. É uma voluntária chamada Marga, professora do curso ginasial, que atende seus pedidos, utilizando uma verba mensal de 200 réis doados pela embaixada da Espanha, designada para tratar dos assuntos da Alemanha no Brasil após o rompimento das relações diplomáticas. Ele pede creme dental, sabão e salsicha. Curt não conhece Marga, comunica-se com ela por bilhetes, mas a situação faz lembrar sua *Mutti, Frau* Emilie. Era ela quem calculava as despesas, providenciava as compras de víveres, fazia render os parcos recursos familiares para que nada faltasse aos filhos, enquanto o velho Hans apenas repetia, com a cabeça em 1914: *Devemos nos conformar? Onde perdemos a guerra?* E assim foi até morrer de desalento.

Na mansidão da hospedaria, é fácil perder a noção do tempo. Curt organiza seu calendário da semana conforme o cardápio do refeitório: segunda-feira – arroz, feijão, peixe cozido com pirão de batata e pão; terça – bife, arroz, feijão e salada de batata; quarta – carne assada, arroz, feijão e ensopado de verduras; quinta – macarrão, sopa de osso e batata assada; sexta – bife à caçarola, arroz, feijão, salada de tomates e cebola com vinagre; sábado – macarrão com carne assada, arroz, feijão e pão; domingo – cozido completo ou macarronada. À noite, geralmente sopa ou sanduiche.

Curt percebe: existe uma casta entre eles, formada por empresários, oficiais e funcionários graduados, que se reúnem após as refeições coletivas, discutem, esbravejam e fazem planos como se ainda estivessem no comando de alguma coisa. Eduard Arnold também está *hospedado* na Ilha Grande. Curt trocou algumas palavras ao se reencontrarem, mas desde então passaram a se evitar, numa espécie de acordo tácito. Arnold circula em torno do "sócio" traidor de Erich Immers, Albrecht Engels, que se comporta como um rei destronado que não perde a empáfia. Curt tem a impressão que Hans Siviers, o xerife do presídio, se reporta a ele antes de tomar decisões.

As histórias pitorescas circulam à boca pequena. Comentam que, quando começaram as prisões, Albrecht refugiou-se em uma pensão na Zona Norte do Rio de Janeiro. Um dia, bateram à porta, ele ouviu uma voz em alemão. Quando abriu, foi preso por uma equipe de policiais.

A história de Niels Cristiensen, apontado como o maior chefe da espionagem alemã no Brasil, tem requintes mais pitorescos. Especializado em pesquisas termodinâmicas e máquinas de combustão, Cristiensen foi enviado ao Brasil com uma missão ampla e diversificada: organizar uma estão radiotransmissora para informar ao Alto Comando sobre as cargas de mantimentos enviadas aos Estados Unidos e à Inglaterra, acompanhar o movimento de tropas e munições da América do Sul, identificar os agentes secretos ingleses e suas ligações e fotografar os navios ingleses que passassem pela Guanabara.

Quando deixou a Alemanha, Niels fez um juramento à esposa de evitar relações amorosas com qualquer mulher, mesmo de origem alemã. Contudo, apaixonou-se perdidamente por uma mulata de nome Ondina. Mesmo advertido por seu principal contato, um alemão de nome Heinz Treutler, tratado no mundo da espionagem como *doutor ninguém*, Niels continuou encontrando-se secretamente com Ondina.

Ao ser preso, manteve-se calado, como um bom espião, desestimulando qualquer negociação para revelar os seus segredos, resistindo às pressões e torturas físicas, pois estava preparado para isso. Até que lhe ofereceram a possibilidade de passar uma última noite com Ondina. A paixão foi mais forte. No dia seguinte à frenética noitada amorosa, Niels entregou segredos estratégicos da espionagem do 3º Reich no Brasil em minúcias. Curt duvida da veracidade da história, mas observa a tristeza solitária de Niels Cristiensen debaixo de uma figueira, um homem de quase cinquenta anos, óculos redondos, bigodes ralos, o pensamento distante voltado, quem sabe, a um improvável reencontro com a mulata Ondina.

Em três dias, o torpedeiro alemão U-507, comandado pelo capitão Harro Schacht, pôs a pique seis embarcações brasileiras na costa do Nordeste, matando quase 600 pessoas, entre tripulantes e passageiros. Desde o início do ano, o número de cargueiros abatidos chega a 20. A cada navio afundado a neutralidade do Brasil vai se tornando insustentável, diante da revolta da população. Na manhã chuvosa de 18 de agosto de 1942, grupos de pessoas espontaneamente se dirigem ao Largo dos Medeiros, tradicional espaço de manifestações políticas em Porto Alegre.

O número de presentes já alcança 2 mil quando começam os discursos eivados de protestos e patriotismo, saudados pela multidão:

– Viva o Brasil!

– Morra o nazismo!

Na Repartição Central de Polícia, o delegado Plínio Brasil Milano é avisado.

– Comício! – esbraveja. – Como não sabíamos disso?

– Parece que foi uma coisa espontânea. As pessoas foram chegando...

– Temos agentes acompanhando tudo?

– Sim.

O delegado Plínio está nervoso. Impedir manifestações populares é uma de suas atribuições à frente do Dops. Imagina que entre os participantes existem agitadores, mas avalia que não há o que fazer. Qualquer ação repressiva significaria entrar em choque com o povo, cuja revolta está coberta de razão. O melhor a fazer é acompanhar de perto os acontecimentos.

Passam-se alguns minutos e ele recebe novo informe. O protesto contra o afundamento dos navios brasileiros virou uma passeata improvisada pelas ruas do Centro. Os manifestantes sobem a Rua Marechal Floriano e se aproximam da repartição policial. O delegado Plínio pede para reforçar a guarda e vai até um dos janelões do prédio. A multidão ocupa o leito da Rua Duque de Caxias. Um estudante faz um discurso inflamado contra o nazismo, falando em pátria vilipendiada e pedindo o rompimento do "namoro" entre Vargas e Adolf Hitler.

A passeata segue rumo ao Palácio Piratini. O nervosismo do delegado Plínio chega ao limite. Solicita um batalhão da Guarda Civil para a segurança do palácio. Diante da sede do governo, os pronunciamentos se repetem em favor da entrada do Brasil na guerra, mas sem incidentes. Os protestos encerram-se ali, mas alguns manifestantes renitentes improvisam uma nova passeata pela Rua da Praia, concentrando-se diante dos estabelecimentos de origem alemã. Os mais revoltados apedrejam as vidraça da Confeitaria Woltmann, do Bazar Krahe e da Casa Lindolfo Bohrer, sem maiores consequências.

Parece que tudo está sob controle, mas no dia seguinte, a Rua da Praia está novamente apinhada de manifestantes dispostos a ir além dos protestos. A primeira a ser invadida pela fúria popular é a Casa Lyra, de propriedade do alemão Reinaldo Langer, um declarado entusiasta do 3º Reich. Ao ver a multidão se aproximar, ele grita:

– Viva a Alemanha!

Langer só não é linchado porque alguns policiais, que a tudo assistiam com visível corpo mole, resolvem intervir. As prateleiras são derrubadas. Produtos de beleza feminina e frascos de perfume vão parar na calçada da Rua da Praia ou nos bolsos dos saqueadores infiltrados. Os manifestantes atravessam a rua e atacam o Laboratório Bayer, pondo abaixo seu enorme luminoso. A Krahe e a Lindolfo Bohrer, apredrejadas na véspera, desta vez são invadidas e depredadas.

O rastilho de saques e destruição atinge as confeitarias Schramm, Neugebauer e Woltmann, o estúdio fotográfico Os Dois, o restaurante Ghilosso, as casas Tschiedel e Hermann. Um restaurante chinês é invadido como se fosse japonês. A sanha enfurecida extrapola a Rua da Praia, os manifestantes espalham-se pelo Centro em busca de novos endereços. O cine Vera Cruz, o restaurante Dona Maria e os Laticínios Vigor são violentamente assaltados. Logo depois o assalto à Loja Guaspari.

Somente à tarde, o governo decide agir. Ocupa as ruas do Centro e determina toque de recolher. Os bares devem fechar até as 20 horas e todos devem estar em casa até as 22. O interventor Osvaldo Cordeiro de Faria faz um apelo à ordem, usando um curioso raciocínio.

– Nossa justa indignação não autoriza que destruamos o que é nosso. As pensões que irão receber as famílias dos nossos soldados e marinheiros tão traiçoeiramente assassinados vão sair das riquezas acumuladas na nossa terra pródiga pelos nacionais das potências agressoras.

No dia 22 de agosto, Getúlio Vargas decreta Estado de Beligerância contra Alemanha e Itália. O Brasil ingressa oficialmente na guerra.

O ingresso do Brasil na guerra empurrou as chances de liberdade para um lugar longínquo. O desânimo é geral na hospedaria, pois está claro para todos que as coisas tendem a piorar. Curt tenta olhar a si mesmo como um estranho para, desta forma, entender o que aconteceu com sua vida. *Dont's show your feelings*, sua mãe Emilie repetia as palavras do pai inglês Arthur Anderson, avô de Curt. A autocomiseração só serve para fortalecer os seus defeitos. Curt seguiu essa regra familiar sem refletir sobre ela. O que lhe serviu? Percebe então que seu próprio ser não passa de uma obra mal-acabada do acaso, esse personagem sádico que a cada momento de sua vida lhe esmaga o livre-arbítrio e o coloca em enrascadas só pelo prazer de ver como ele se safaria, o que não aconteceu.

O talento para realizar grandes negócios, as estratégias para conquistar as mulheres, a habilidade para escapar dos *bre-*

ak points nas partidas de tênis, todas essas qualidades que Curt via em si mesmo mal servem agora para resolver preocupações comezinhas de seu cotidiano, como eliminar os percevejos incrustados no colchão de palha ou de que forma se livrar dos mosquitos que sobrevoam sua cabeça e das baratas e camundongos que lhe circundam os pés. Ou encontrar formas de não enlouquecer.

Nos primeiros tempos, cada vez que passa um navio ou um barco de algum playboy veranista de Angra dos Reis, situada a menos de 20 quilômetros da ilha, alguém grita do pátio e os presos se grudam na cerca de arame farpado. Em algumas semanas, essa fuga efêmera da mesmice reinante na ilha vai se tornando desinteressante. Curt tem a impressão de que poderia passar um transatlântico a cinco metros da ilha que ninguém moveria uma palha para assisti-lo.

Para se distrair da solidão, da incerteza e da baixa estima Curt inventou uma rotina. Pela manhã, coloca um chapéu de palha e exercita-se na limpeza do pátio ou então ajuda seu novo amigo, Arno Schultz, gaúcho de Ijuí, na árdua tentativa de plantar uma horta de tomates. À tarde, inventou de reaprender o idioma francês, quase esquecido pela falta de prática. Para isso, vale-se dos livros encomendados à professora Marga, basicamente uma coleção de *Classiques Larrouse*, de 1933, que inclui *L'Avare*, de Molière, *Polyeucte* e *Le Cid*, de Corneille, *Letres choisies*, de Madame de Sevigné, e mais alguns avulsos.

Barão Von Rhein

Hans Siviers traz o novo preso recém-desembarcado no cais da Ilha Grande. É um homem de 40 anos, cabelo prateado, aspecto refinado, mas visivelmente aborrecido. Usa um terno elegante de flanela cinza, um tanto amarrotado, como se estivesse sem tirá-lo há vários dias. Siviers o apresenta:

– Barão Gerd von Rhein – sublinhando com alguma pompa o título honorífico do novo interno.

O barão coloca uma mala pesada sobre a cama ao lado da de Curt e lhe oferece uma mão pequena e macia.

– *Geraldo*. É como meus amigos brasileiros me chamam.

– Curt Meyer-Clason.

– Quanto ao título de barão, não se impressione. Em algum tempo me foi útil. Hoje, não serve para nada. Gostaria de fumar um cigarro no pátio, me acompanha?

Curt o segue.

Gerd apalpa os bolsos, mas não encontra nada.

– Não sei onde perdi meus cigarros.

– Eu tenho – Curt recorre ao pacote de Hilli, feliz por poder fazer um favor a alguém.

Os dois caminham pelo pátio ensolarado. Curt tem o passo mais rápido. Às vezes se adianta demais e tem que esperar o outro alcançá-lo. Gerd parece caminhar em câmera lenta. Tudo nele parece ser pensado e executado com densidade. Leva a mão trêmula à boca, traga o cigarro profundamente e permanece um longo tempo com a fumaça nos pulmões antes de soltá-la com requinte. Em outras circunstâncias, Curt se impacientaria. No momento, sente-se mais generoso em relação aos humanos em geral, e particularmente está mobilizado por uma agradável curiosidade sobre o novo parceiro.

Gerd conta que, em tese, é um homem rico, mas está sem dinheiro, pois o acirramento da guerra interrompeu os repasses de recursos através da embaixada. Anuncia que resolver esse problema crucial será sua prioridade tão logo sair da prisão, o que, ele imagina, ocorrerá em breve.

– É difícil encontrar alguém com esse otimismo por aqui – observa Curt.

– Você parece resignado. De que o acusam? – Gerd indaga.

– Fui acusado injustamente de espionagem. Serei julgado por um tribunal de exceção, mas não há nem data marcada, pode demorar um ano ou dois. O ingresso do Brasil na guerra não me ajuda nem um pouco.

– Lamento. Quanto a mim, não cometi nenhum delito que justifique a minha permanência nesse lugar – Gerd afirma, com convicção.

– Não é tão ruim.

Gerd olha em volta.

– De fato. De qualquer forma, minha estada será curta. Antes de resolver a questão do dinheiro, preciso procurar Erich.

– Erich?

– Meu companheiro.

Curt não tem certeza se entendeu bem o sentido da palavra "companheiro".

– Vamos sentar um pouco? – Gerd sugere.

Acomodam-se em um banco de tábuas de madeira sobre uma estrutura de cimento. Gerd enxuga o suor do rosto com um lenço que traz ao bolso superior do paletó.

– Por que você foi preso, Geraldo?

Gerd solta uma risada.

– Foi um episódio patético. Conhece o fotógrafo Peter Lang? – Curt faz que não. Gerd explica: – É bem famoso, alemão naturalizado brasileiro. Ele mora em um apartamento no oitavo andar de um prédio na Avenida Copacabana. Um vizinho de Peter filiou-se à campanha do ferro, já ouviu falar? As pessoas doam metais para produzir armas e ajudar o Brasil na guerra. No pátio do edifício, formaram uma pirâmide de metais doados. Peter não aderiu, achou aquilo uma bobagem, e passou a ser hostilizado. Nessa noite, estávamos em sete no apartamento de Peter: eu, Erich, um sueco, um italiano, um brasileiro e um grego. Bebíamos e conversávamos sobre música, literatura, o sentido da vida. Lá embaixo, o pessoal da campanha do ferro fazia uma celebração patriótica. Eram duas da manhã, já estávamos quase encerrando nosso colóquio, quando começaram os xingamentos a Peter vindos da rua. Ele havia bebido bastante e não ficou quieto. Foi à sacada e devolveu as ofensas. Os ânimos se acirraram e sabe o que Peter fez? Simplesmente abriu a braguilha e urinou lá de cima sobre a pirâmide metálica dos patriotas.

Gerd conta com um sorriso maroto nos lábios.

– *Mein Gott*! – exclama Curt.

– Contando parece engraçado, mas passamos maus bocados. A turba invadiu o edifício e surrou o porteiro que tentou impedir a passagem. Quiseram arrombar a porta do apartamento. Seríamos linchados, se não chegasse a Polícia. Foi uma dificuldade conter os ânimos. É claro, fomos presos, chamados de "pederastas arruaceiros", "quinta-colunas", todo o tipo de impropérios. Saiu em todos os jornais, com fotografias do grupo. Nós, alemães, fomos qualificados como arianos e nazistas, sendo que os três, Peter, Erich e eu, todos somos judeus. No grupo, havia pelo menos três comunistas. Estúpidos! Não diferem nazistas de comunistas!

— Tudo por causa de um gesto extemporâneo.

— Por causa da histeria fruto desses tempos de profunda ignorância que estamos vivendo. Na Polícia, por razões óbvias, concentraram seu alvo em nós, os alemães. Os outros pagaram fiança e foram libertados. Peter teve apoio de sua revista e saiu ileso. Então, sobramos Erich e eu. Se fosse outro momento, seríamos extraditados para a Alemanha. Na atual circunstância, a tendência é que abram um processo de expulsão.

— E seu amigo?

— Está em outro presídio, talvez no Frei Caneca. É uma pena, pois gostaria desse lugar.

Gerd levanta-se do banco com lentidão. Até o alojamento é preciso subir uma curta elevação que ele vence com algum sacrifício. Curt o acompanha com paciência.

— De onde vem o título de barão?

— Minha família possuía uma propriedade na Lusácia. Meu pai, advogado e administrador distrital, fazia parte da nobreza local. Construiu uma mansão em estilo judaico, imagine. Plantava bétulas, batata, tomates, tinha uma minúscula destilaria para produzir *Schnaps*, nada além de um *hobby* dispendioso. Ele me chamava para as lides, insistia, mas eu preferia ficar no meu quarto, com André Gide e Baudelaire, com Ravel e Chirico, em vez de caminhar pelas trilhas arenosas de Bagenz. O que você acha da guerra, meu rapaz?

A pergunta de supetão pega Curt desprevenido. Pensa em dizer alguma coisa, mas Gerd não espera:

— Veja Berlim. Lá eu me sentia em casa, mas aquela Berlim não existe mais e nunca existirá novamente. Berlim perdeu a alma quando fecharam o Katakombe. Já ouviu falar?

O registro de Curt sobre o Katakombe é de um antro de subversão e licenciosidade.

– Vagamente – prefere responder.

– Ficava na Martin Luther Strasse. Era o lugar mais divertido de Berlim. Íamos todas as noites, eu e Erich, podíamos namorar sem olhares de censura, ríamos das comédias cáusticas e das canções satíricas sobre o nazismo. Às vezes, me deixavam tocar piano. Estávamos lá no dia em que Werner Fick recitava um de seus impagáveis monólogos de duplo sentido e havia um agente da Gestapo disfarçado no fundo do salão, anotando tudo. A certa altura, Fick interrompeu sua performance e interpelou o sujeito: "Você aí! Está conseguindo tomar notas de tudo ou devo falar mais devagar?" O "secreta" saiu sob risos e vaias do público. Uma semana depois, apareceu uma patrulha da Gestapo, todos armados de revólveres e metralhadoras. Fomos todos presos. Eu vi tudo. O chefe da operação perguntou: "Vocês têm armas?" Werner Fick respondeu: "Por quê? Vocês estão precisando?". Maio de 1935. Ali, a estupidez fechou o Katakombe, e nada mais foi como antes. Ninguém mais se diverte em Berlim. Todos parecem entorpecidos por uma ideia artificial de orgulho que os manipula para aceitarem as maiores atrocidades. Não pensa assim?

– Eu pensava que ser alemão e ser nazista eram coisas indissociáveis.

– É o que pretende a propaganda de Goebels. Até o nosso idioma, meu jovem amigo, adquiriu outra conotação, não mais de profundidade existencial, muito menos de encantamento, mas de infâmia e vitupério. Às vezes, para ter esperança, preciso raciocinar em francês. Eu digo isso no sentido goethiano.

– Estou reaprendendo francês – Curt anuncia, mas logo se sente um idiota.

– Ah, sim? O que você está lendo?

— Corneille, Voltaire — Curt pronuncia os nomes com algum pedantismo, mas recebe de Gerd um olhar indulgente, exatamente a mesma expressão de Voltaire no retrato da contracapa de seu livro.

— Temos muito a conversar sobre isso, mas estou cansado. Quero me recolher — diz Gerd.

Gerd elabora para Curt uma lista de aproximadamente cem títulos, como uma bula medicinal, que parte da transcrição das tábuas de Gilgamesch e chega a *O processo*, de Franz Kafka. Os nomes desfilam pelos olhos de Curt como segredos a serem desvendados: *Fausto*, de Goethe; *A montanha mágica*, de Thomas Mann; *Folhas de relva*, de Walt Withman; *Wolf solent*, de Cowper Powys; *Don Quixote de la Mancha*, de Cervantes; *Crime e castigo*, de Dostoiévski, e mais Homero, Robert Musil, Proust, Huysman, Radiguet, Gottfried Benn, Rilke, Montaigne, Pascal, Sartre, Georges Bernanos, Michelangelo...

— Oh, sim, o gênio escultor também foi poeta — assevera Gerd. E recita: *Eu te comprei, embora muito caro/um pouco não sei de quê, bem perfumado/porque o odor tantas vezes me ensina o caminho./Onde quer que estejas, ali também estarei, sem dúvida/ disso estou certo e convencido./Se te escondes de mim, te perdoo:/ levando-te sempre comigo, onde quer que vás,/hei de encontrar-te, mesmo que esteja cego.*

Gerd sente-se como se estivesse dando um presente especial a uma criança. Curt trata imediatamente de encaminhar a lista à madrinha Marga. Para não assustá-la, esclarece que os livros não precisam ser enviados todos de uma vez e que podem ser adquiridos a preços módicos em antiquários e lojas de usados.

— Comece por onde se sinta interessado, Curt — ensina Gerd. — Esse conselho serve para qualquer coisa na vida, especialmente com livros. Os livros têm esse poder de imantação. Um atrai outro. Se você deixar os livros fluírem dentro de sua mente, eles encontrarão seu caminho e só terá a ganhar. Seria proveitoso fazer uma divisão: história, filosofia, poesia, romance, mas perceba que não há fronteiras. Por exemplo, qual o melhor caminho para conhecer a vida em Atenas se não através das comédias de Aristófanes?

Curt sente sua vida transformada. Aprende a ler dia e noite e agora tem um professor que lhe orienta, aponta e exige. Tornou-se um aprendiz de feiticeiro, ou melhor, um caçador de tesouros. Resigna-se galhardamente na condição subalterna e sufoca a própria vaidade ao se deparar com o grande conhecimento trazido pelos livros e pela loquacidade do mestre.

— Leia como se estivesse saboreando um fruto doce. Roce as palavras com a língua, deixe que elas lhe invadam a mente e se imponham. Embriague-se delas. Cultive as frases, releia aquela que o instiga, uma, duas, dez vezes até domesticá-la ou até que ela o domine. Deixe-se seduzir. Imagine sua mente como um caldeirão, e as palavras como os ingredientes que darão sabor a sua vida. Não leia com o espírito de ratificar certezas, mas de garimpar dúvidas. Seja generoso com as dúvidas, pois elas é que o transformarão. Não esqueça. A gênese da sabedoria é o ponto de interrogação.

Gerd é um professor eclético. Fala com propriedade sobre cultura geral, história da arte em perspectiva, esteticismo, dadaísmo, modernismo, expressionismo, niilismo. Quando está de bom humor, nas caminhadas após o almoço, delicia-se com o *Decameron*:

— *Dom Félix ensina ao frade Puccio de que maneira poderá tornar-se beato, submetendo-se a uma penitência. O frade Puccio submete-se; enquanto isso, dom Félix passa ótimos quartos de hora com a mulher do frade.*

— Esse Boccaccio era um safo — Curt comenta.

— Um irresistível safo — Gerd concorda.

No quarto, enquanto tomam o chá da tarde, Gerd balança o dedo como se estivesse tocando em cada palavra de Proust:

— *O achado do romancista consistiu na ideia de substituir essas partes impenetráveis à alma por uma quantidade igual de partes imateriais, isto é, que nossa alma possa assimilar.*

Curt lembra-se de si mesmo na escola em Ludwigsburg, o fascínio de cada descoberta, a humildade quase infantil de aprender sem o aborrecimento imposto pela vida adulta. Por vezes, Gerd ergue-se na cama e incorpora Mefistófeles, como se usasse uma máscara maléfica no rosto:

— *Quando o homem, o pequeno mundo doudo/Se tem habitualmente por um todo;/Parte da parte eu sou, que no início tudo era,/Parte da escuridão, que à luz nascença dera,/À luz soberba, que, ora, em brava luta,/O velho espaço, o espaço à Noite-Mãe disputa;/Tem de falhar, porém, por mais que aspire à empresa,/Já que ela adere aos corpos, presa./Dos corpos flui, beleza aos corpos dá,/Um corpo impede-lhe a jornada;/Creia, pois, que não dure nada,/E é com os corpos que perecerá.*

Logo desarma a carranca, retoma a postura de professor:

— Goethe trabalhou sessenta anos para escrever *Fausto*, você pode conceber uma coisa dessas, meu jovem?

━━▶

O dia está nublado e Gerd parece triste. Esperava ser libertado em poucos dias, mas os meses passam e nada acontece. Avisa com uma voz sem entonação que não pretende sair da cama. Curt senta-se ao lado dele e tenta animar o amigo.

— Posso ajudá-lo de alguma forma, Geraldo?

— Sinto falta de Erich. Hoje, especialmente. Nunca ficamos tanto tempo separados. Ele não fala bem o português, deve estar em apuros, além desse problema da falta de dinheiro.

— De certo, ele está bem.

Gerd olha para algum ponto no teto do alojamento e começa a narrar.

— Erich era primo de minha esposa, um exímio nadador, venceu várias competições em toda a Europa. Um Apolo meigo e divertido. Ele foi passar um tempo conosco e a verdade é que nos envolvemos, uma paixão arrebatadora. Um escândalo, nem preciso entrar em detalhes. Fomos viver em Berlim, mas pessoas como nós já tinham problemas com o 3º Reich. Nossas relações, eu falo de cidadãos do mundo, fora das convenções, sem residência, nem emprego fixo, são ecos dos regimes fechados. Ademais, somos judeus e as perseguições já começavam. Os execráveis boicotes às lojas de judeus se tornavam ostensivos, insuportáveis. Decidimos deixar a Alemanha antes que encontrassem motivo para nos prenderem. Vivemos em Viena, Paris e tentamos virar as costas para as experiências ruins, mas a guerra foi nos empurrando para fora da Europa. Viemos para o Rio de Janeiro, fizemos amigos, mas eu tenho uma postura protetora talvez exagerada em relação a Erich. Não sei como ele se viraria sem mim.

— Não o subestime. De certo, ele vai estar lhe esperando.

— E você, meu jovem, tem alguém a esperá-lo fora daqui?

Curt ri miseravelmente da própria solidão.

— Ninguém. Minha família está na Alemanha e meus relacionamentos normalmente se tornam fugazes, inconsequentes.

— É o que você quer?

— Quero dizer que, às vezes, não tenho o absoluto controle da minha vida e das minhas relações. Tudo parece obra do acaso ou de alguma distração. Minhas motivações são imediatas, de curta duração. Tenho muitas dificuldades com o longo prazo.

— Espera! — Gerd levanta-se e vasculha a sua mala colocada ao lado de sua cama até encontrar o que procura. Folheia o livro nervosamente e vira-se para Curt.

— Escute, meu rapaz. Preste atenção nessas palavras: *No fundo, poucos sabem, no meio da sua vida, como se tornaram aquilo que são, com seus prazeres, sua visão do mundo, sua esposa, seu caráter, profissão e realizações, mas têm a sensação de que já não se poderá mudar lá muita coisa. Até se poderia afirmar que foram traídos, pois não se encontra em lugar algum uma razão suficientemente forte para tudo ter sido como é; poderia ter sido diferente; os acontecimentos raramente dependeram deles, em geral dependeram de uma série de circunstâncias, do capricho, vida, morte de outras pessoas, e apenas se lançaram sobre eles num momento determinado. Assim, na juventude ainda jazia à frente deles algo como uma manhã inesgotável, cheia de possibilidades e de vazio por todos os lados; mas já ao meio-dia aparece de repente algo que pode pretender ser a vida deles; isso é tão surpreendente como certo dia, de súbito, vermos uma pessoa com quem nos correspondemos durante vinte anos sem a conhecer, e a tínhamos imaginado tão diferente.*

Gerd fecha o livro, solenemente:

— Robert Musil, filósofo inglês. *Um homem sem qualidades*, um livro que qualquer ser humano deveria ler antes de sair por aí desfilando sua empáfia e ferindo a paciência dos outros com idiotices. Voltemos a você. Nunca pensou em casar, por exemplo?

— Na verdade, estive a ponto de casar no ano passado, com uma mulher belíssima que me amava, tenho certeza. Mas fiquei com medo.

— Você a amava?

— Creio que sim. Agora, tudo fica confuso. Talvez devesse ter casado. Na verdade, naquele momento, preferi a luxúria de outra relação que não tinha o menor futuro.

Gerd recuperou a energia:

— Uma frase das minhas preferidas de Kierkegaard, o solitário dinamarquês que influenciou Rilke, Heidegger e um sem-número de franceses: *Sem pecado, nada de sexualidade, e sem sexualidade, nada de história*, escreveu nosso amigo Kierkegaard. Rainer Maria Rilke deveria ter casado com Lou Salomé, pois a amava. Ele derretia-se para ela: *Só você é real.* Mas veja: mesmo inebriado de amor por Lou, surpreendentemente pediu outra moça em casamento, Clara, uma aluna de Rodin, que recém-conhecera. Ninguém entendeu. Eu pondero: se não houvesse a separação, a humanidade ficaria privada da mais pungente e dolorosa troca de cartas entre dois amantes, Rilke e Lou Salomé. Cruel, não? Ela escreveu: *Agora que tudo é calma ao redor de mim e que o fruto da vida conquistou sua redondeza madura e doce, a lembrança que nos é certamente ainda cara me impõe uma última obrigação: se te aventuras livre no desconhecido, só tu serás responsável por ti mesmo.* E ele retrucou: *Tu me abraçavas não por desrazão, mas com a mão de oleiro contra o barro. A mão que tem o poder da criação. De algum modo tua mão sonhava me modelar, depois se cansou, se afrouxou, deixou-me cair e quebrei* – Gerd termina, aos prantos.

Por vezes, Gerd intercala as aulas de leitura com pinceladas de pintura e acordes musicais.

— Gosta de música, meu jovem?

Curt resolve deixar de lado sua habilidade de dançarino e busca na infância o que responder.

— Tínhamos um piano Schiedmayer em casa e minha mãe tocava com alguma destreza Schubert, Tchaikowski, Beethoven. Schubert, principalmente. *Impromptu* era sua preferida.

— *Impromptu*! – Gerd dedilha um piano imaginário e imita com a boca os acordes da canção de Schubert.

— Sempre frequentei concertos – Curt prossegue. – Em São Paulo, associei-me ao Pró-Arte, que mostrava espetáculos musicais uma vez por semana.

— Já ouvi falar.

— A bem da verdade, me incomoda o fato de que parece obrigatório, em cada concerto, tocar pelo menos uma música *made in Brazil*, se é que me entende. Para o meu gosto musical, são coisas insignificantes. Comparemos com a Alemanha, a Inglaterra, onde assisti a muitos concertos: Bach, Beethoven, Mozart, Haydn e assim por diante. Ninguém cogita de mesclar os grandes mestres com artistas locais.

— Não seja tão rigoroso, meu jovem. Abra os ouvidos. Eu assisti a um concerto de Villa-Lobos e fiquei impressionado. As *Bachianas* são uma novidade refrescante. Com essa postura, você acaba gostando só do que conhece e refrata qualquer possibilidade de apreciar as novidades. Se todos pensassem assim, não teríamos Debussy, e se não tivéssemos Debussy, não teríamos um Ravel ou um Bartók. Não seja tão reagente a ponto de ouvir os primeiros acordes e torcer o nariz. Escute a música despido. Assim é na pintura, por exemplo. Olhe para um Picasso, um Dali, um Miró sem medo, empurre os preconceitos para longe e veja o que os mestres têm a lhe ensinar.

A relação entre Curt e Gerd von Reihn é acompanhada pelo olhar ostensivo de um determinado guarda, o que provoca uma inquietação entre os dois.

– Talvez ele pense que temos um caso – Gerd comenta, divertindo-se.

Finalmente, o guarda se aproxima. Apresenta-se como Luiz Francisco, gaúcho de Santa Maria da Boca do Monte, e tem um pedido. Pede que leiam para ele uma carta enviada por sua noiva. O barão lê com paciência as palavras simples e ingênuas escritas por Maria do Parto, dando a elas uma entonação grandiosa que comove o soldado.

– Satisfeito?

O soldado faz que sim.

– Agora, você precisa responder – diz Gerd.

– Não sei escrever – admite Luiz Francisco, envergonhado.

O barão suspira.

– O que você gostaria de dizer a ela?

– Ora, que sinto saudades, que estou aqui pensando nela, essas coisas.

– Que a ama?

– Amo.

– Tem uma fotografia dela?

O soldado busca a carteira e retira uma fotografia, ele e a noiva sorridentes.

– Bela moça.

Luiz Francisco reage como se o elogio fosse para ele.

– Vamos, então, escrever uma resposta bem bonita. Você dita e eu escrevo.

O barão imediatamente toma uma folha de papel e lápis e passa a traduzir as palavras simples de Luiz Francisco em versos ao modo do poeta Castro Alves, enquanto o soldado massageia seu calo à mostra através da bota furada com uma cortiça que, no lugar de um protetor, obstruía o cano da sua carabina.

Luiz Francisco segura a carta como uma joia rara e derrama-se em agradecimentos. Quando ele sai, Curt oferece a Gerd um largo sorriso de admiração.

– Onde estávamos?

Curt sacode o exemplar de *Crime e castigo*:

– Ah, sim. Veja o dilema extraordinário que Dostoiévski nos propõe. Raskolnikov é um jovem cheio de planos para desenvolver suas potencialidades e tem praticamente toda a vida para realizá-los. Mas não tem dinheiro. Coloca-se no grupo humano dos extraordinários, porém vive na miséria. Para obter o recurso que tanto necessita, planeja o assassinato de uma desprezível agiota que, ao contrário dele, é uma velha, sem planos e sem futuro. Na sua lógica, considera justo ficar com o dinheiro, pois, ao contrário dela, uma viúva avarenta, saberá usá-lo para concretizar seus planos. O que me diz, *mein Freund*?

– Não é lícito. O dinheiro não pertence a ele.

– Ah! – Gerd levanta o dedo. – Aí está o fulcro do dilema. Mesmo que Raskolnikov considere o seu delito moralmente correto, pois usará o dinheiro da viúva com mais sabedoria do que ela e de forma mais útil à sociedade, ele defronta-se com a pressão do meio em que vive e afunda em um poderoso mecanismo psicológico que Dostoiévski desenvolve com maestria. Perceba que em torno de Raskolnikov cria-se uma rede de interesses e ambições mesquinhas que só servem para agravar a sua perturbação, ao ponto de ele não conseguir se aproveitar do fruto de seu crime. Mais grave que isso, assume a ideia fixa de que deverá ser castigado, contrariando sua certeza inicial de quando decidiu cometer o assassinato.

– Se há o remorso, a convicção moral que o levou a matar a viúva talvez não fosse tão sólida.

– A genialidade de nosso amigo Fiodor reside neste ponto. O jovem assassino vê sua ética particular confrontar-se com a ideia de moralidade reinante. O remorso que sente não se dá pelo crime em si, mas pela inadequação do seu ato perante a tábua de valores do meio social. Vejamos o que nos expõe Eça de Queiroz em *O crime do padre Amaro*. O jovem padre torna-se religioso por uma vocação que julga sincera e inabalável. Entretanto, é vencido pelo desejo carnal e envolve-se com Amélia, que estava noiva de casamento marcado. Não vou contar a história porque você não leu, mas observe com atenção como o padre Amaro mergulha em uma frenética sucessão de atitudes brutais para salvaguardar a sua imagem pública de integridade na pretensão desvairada de que irá resgatar a pureza dos primeiros tempos, sob o silêncio cúmplice do meio religioso em que vive.

Após cinco meses, Gerd está de partida. O habeas corpus foi concedido. Ele aguarda no pátio com seu terno de flanela cinza, agora lavado e passado.

– Subornei o encarregado da lavanderia. Como estou?

– *Très elègant, mon cher* – Curt responde com seu melhor sorriso.

Os dois caminham pelo pátio, mas quase não conversam. Gerd fuma um cigarro com a intensidade de sempre, mas a Curt o amigo parece hesitante, como se tivesse algum estranho receio de encarar a liberdade, embora saiba que Erich o estará esperando quando desembarcar no Rio de Janeiro.

– Lutar não é só ganhar ou perder – Gerd fala, com alguma gravidade, os olhos perdidos em algum ponto do oceano. – Há o sentido especulativo de lutar, e esse talvez seja o mais interessante. Lutar é um meio de transformar o vencedor e o vencido, nunca se esqueça disso. O decisivo não é o que você faz ou planeja, mas o que você consegue. Mesmo que você não faça nada ou não planeje nada, algo se tornará de você.

— Estamos filosóficos, como sempre — Curt tenta suavizar a dramaticidade da hora de se despedirem.

— *Nós filosofamos pela mesma razão que nos movemos e falamos e rimos e comemos e fazemos amor. Filosofamos porque o homem é um animal filosófico. Podemos ser tão céticos como quisermos, mas nosso ceticismo é a confissão de uma filosofia implícita.*

— Cowper Powys, acertei? — Curt brinca.

— Lembrou?

Ouvem o grito de Hans Siviers:

— Barão Von Rhein! A barca vai partir!

Curt toma a iniciativa de abraçar o amigo.

— Você é uma pessoa rara, Geraldo.

— Bom você dizer isso. Pascal dizia: *Quanto mais inteligente um homem é mais originalidade encontra nos outros. Os medíocres acham que todos são iguais.* Posso ir tranquilo que você ficará bem?

— Não se preocupe comigo. Estarei bem acompanhado de Boccaccio e seu dom Félix, de Madame Bovary, de Jean Valjean, do capitão Ahab atrás de seu Moby Dick, de Don Quixote e seus moinhos, de Mefistófeles... — Curt pensa em acrescentar "e de meus próprios demônios", mas se contém.

Gerd tem os olhos úmidos e promete, com a voz embargada.

— Quanto você sair, *eu* vou estar lhe esperando. E vou lhe apresentar o meu amado Erich.

— Erich. Sujeito de sorte.

Uma pequena multidão aguarda Plínio Brasil Milano no portão de acesso à pista do Aeroporto São João. Da escada, ele consegue enxergar a esposa Lúcia e abre um sorriso. Está cansado e pretende ir diretamente para casa, mas os jornalistas insistem para obter suas impressões sobre a sua viagem de três meses aos Estados Unidos, a convite do Federal Bureau of Investigation (FBI). Contrariado, ele cede:

– Como os americanos estão enfrentando a guerra?

– Estão empolgados e mobilizados. Vou dar o exemplo das mulheres. São mais de 300 mil incorporadas às forças de terra e mar, sem contar a quantidade que trabalha na indústria bélica. É assombroso! Os serviços públicos são quase todos prestados por elas.

– Gostaríamos de saber sobre seus estudos junto ao FBI nesses três meses.

– Vi tudo o que me interessava porque nossos amigos americanos não tiveram segredos para comigo. Os Estados Unidos possuem uma organização policial modelar da qual podemos aproveitar muitas sugestões, mas seria absurdo imaginar a possibilidade de transportar tudo para o nosso meio.

– O que os norte-americanos pensam sobre a entrada do Brasil na guerra?

– Para eles, é ponto pacífico.

– Eles conhecem bem o Brasil?

– Muito superficialmente. Naturalmente conhecem o Rio de Janeiro e o Nordeste, onde colocaram suas bases militares. O Norte do país é mais conhecido. O Rio Grande do Sul, nem tanto, o que é facilmente explicável. Os norte-americanos têm fome de borracha e a "goma" está na Amazônia. Agora, se os senhores me dão licença.

Plínio Brasil Milano queixa-se à esposa de dores incessantes que começou a sentir no final da viagem. Em poucos dias, o sofrimento se agrava e lhe tira a energia. A muito custo, Lúcia o convence a marcar uma consulta médica. O diagnóstico é assustador. Ele tem um tumor nos rins e precisará enfrentar um penoso tratamento, sem garantia de que isso irá curá-lo. Obrigatoriamente, deverá reduzir suas atividades ao mínimo possível.

Em conversa reservada com o major Aurélio Py, o próprio delegado Plínio admite que não tem disposição suficiente para seguir na carreira policial. O assunto é tratado com impenetrável discrição, mas sua substituição à frente do Dops pelo delegado Theobaldo Neumann provoca surpresa em todas as áreas da sociedade, pois Plínio é considerado um símbolo da Polícia gaúcha.

Para não alimentar especulações sobre o motivo de sua saída, Plínio assume o cargo de subprefeito do 1º Distrito, correspondente à zona central de Porto Alegre, que ele exercerá com parcimônia de tempo, pois sua prioridade passa a ser cuidar da própria saúde.

No dia 6 de outubro de 1943, Hans Curt Werner Meyer-Clason é um dos 125 alemães, italianos e brasileiros julgados por espionagem pelo Tribunal de Segurança Nacional. Está indiciado em vários artigos do Decreto-Lei 4766, de 1º de outubro de 1942: *artigo 21 – promover ou montar no território nacional serviço destinado a espionagem; artigo 25 – utilizar-se de qualquer meio de comunicação para dar indicações que possam pôr em perigo a segurança nacional; artigo 27 – incitar ou preparar atentado contra pessoas ou bens por motivos políticos ou religio-*

sos; e artigo 47 – revelar qualquer documento ou notícia que, no interesse da segurança do Estado, ou no interesse político interno e internacional, devam permanecer secretos.

A preleção do promotor MacDowell da Costa dura sete horas, relatando as denúncias contra os réus. Sobre Curt, ele lê: *É aviador brevetado e membro da N.S.D.P.A.P. (Tropas de Assalto) e oficial da reserva. Fala corretamente o inglês, o francês e o português – além do alemão –, reunindo enfim todas as qualidades necessárias para o desempenho da missão a que se dedicava. Prestava suas informações por meio de cartas criptografadas, tinta invisível e códigos secretos. Transmitiu minuciosos dados sobre a orientação política, descendência ariana e simpatias pelo Eixo de sócios de firmas locais, organizando uma sociedade comercial, A Controladora, para melhor controlar e camuflar suas atividades. Remetia suas informações não apenas para chefes da espionagem nesta capital, como também para sua mãe, na Alemanha. Em dezembro de 1941, escreveu: 'Pessoas que, digamos, julguem as coisas com pessimismo contam como certa a entrada do Brasil na guerra, o que não será na forma de uma B.E.F. (não British, mas Brazilian Expeditionary Force), só o pensar já é uma anedota, mas possivelmente na forma da ocupação pelos yankees de todos os pontos estratégicos', etc., etc.*

À meia-noite em ponto, o juiz Pereira Braga profere a sentença. Dos acusados, 27 são excluídos do processo. Dos 101 réus, apenas 14 são condenados, entre eles, Albrecht Engels e Niels Cristiensen, a 30 anos de prisão, e Eduard Arnold, a 25 anos. Curt está entre os absolvidos. A notícia da absolvição, contudo, é neutralizada por um pedido de recurso *ex officio* do promotor MacDowell ao pleno do Tribunal de Segurança Nacional para um novo julgamento.

A nova acusação do promotor concentra-se no período em que Curt viveu em Recife, onde supostamente teria realizado ações de espionagem sobre rotas de navios, embora não houvesse nenhum inquérito relacionado a esses fatos. No dia 29 de outubro, Curt é condenado a 20 anos de prisão.

Desde que foi libertado, Gerd von Rhein trabalha como vendedor de aparelhos auditivos para a empresa norte-americana Telex S.A. Ao tomar conhecimento da sentença contra Curt, escreve uma carta a ele.

Meu querido amigo

Existem momentos em que a única coisa a fazer é superar o ponto morto, e isso por um motivo simples: fisiologicamente nós não temos a possibilidade de superar o ponto morto. Dito de outra maneira: sem a ficção do "tudo flui", nós não mantemos o pleno domínio de nossas ações. É um fato, mas não é trágico. Trágica seria a invenção do perpetuum mobile, pois isso significaria levar o ponto de retorno ad absurdum, tirar a máscara do mistério da conversão (metamorfose), da autorrenovação, da catarse. Tudo isso se realiza no fenômeno do ponto morto.

Ontem você corrigiu o que até então era sua deficiência de experiência. Em um minuto você experimentou algo mais forte e mais denso do que uma pessoa mediana pode experimentar no decorrer de vinte anos: no decorrer dos mesmos vinte anos que o julgamento lhe quer imputar, mais categórico do que o destino, pois esse não conta com a possibilidade da morte.

Se você tivesse noventa anos, veria nisso um elogio. Mas eu acho, justamente nestes dias da experiência mais fresca de uma perspectiva inusitada, que o que menos importa é determiná-la como pessimista ou absolvê-la como otimista, esperançosa. Não tenha receio, as esperanças são uma fonte que nunca para de fluir para ninguém, da mesma forma como o ar e a água potável, enquanto a pessoa existe ou está disposta a existir; e eu tenho certeza de que você quer existir até – por exemplo – que tenha lido Wolf Solent.

Essa perspectiva me parece mais deliciosa do que o passatempo neste momento estúpido de calcular a vaga probabilidade de sua libertação. Nós também podemos pensar adiante, mas pensar adiante demais é aborrecido e pouco inteligente. Em primeiro lugar, esta sentença é um palácio de leituras que você ou qualquer outra pessoa nunca teria podido erigir voluntariamente e com recursos próprios, ainda mais numa época em que a pena de morte aponta para "je m'en fous" como uma espada de Dâmocles; mas "je m'en fous" é o fundamento de todas as arquiteturas que a liberdade pessoal já realizou ou fantasiou.

O suportável vai até o ponto que se aceita. O suportável é, portanto, uma galinha morta. Ouse ser tão exigente quanto possível. Considere a vida agora como um hotel no qual só se permanece pelo tempo que convém. Em todos os que o aborrecem, dê um pontapé na bunda... Corneille, Racine e outros Polyeuctes. Se lhe perguntarem como está passando, responda "índigo" ou "cinza-perolado", como nossos uniformes.

Você vai ver como vai se divertir. Como com Shakespeare.
Geraldo

Do Hotel dos Imigrantes, entre pilhas de livros, Curt acompanha pelos jornais e cartas que lhe chegam bem depois dos fatos as grandes transformações do mundo exterior – a vitória dos aliados, o suicídio de Hitler, as negociações sobre o novo mapa-múndi – no Brasil, a redemocratização que se seguiu ao fim do Estado Novo. Sua mãe tornou-se voluntária da

Cruz Vermelha e descreve esperançosa a nova Alemanha que surge sob os escombros e os fantasmas do 3º Reich. Por ela, fica sabendo do noivado da irmã caçula Charlotte com Albrecht, "um rapaz bondoso e trabalhador", afiança *Frau* Emilie.

Cartas de Günther o atualizam sobre o cotidiano de Porto Alegre. Seu grupo de amigos praticamente se desfez. Elizabeth casou-se com Dieter Rotermund, e Hilli ficou noiva de um pintor talentoso. Richard Paulig estranhamente não seguiu com o corpo diplomático para a Alemanha. Preferiu ficar em Porto Alegre, mas ninguém tinha notícias de seu paradeiro. Com o desfecho da guerra, Oscar Berwanger foi à falência, o que Curt lamentou, pois tinha um bom dinheiro aos cuidados dele. Günther informou-lhe da morte do delegado Plínio Brasil Milano durante uma cirurgia em Montevidéu para curar um tumor nos rins. Seu enterro causou comoção na cidade. Quanto a Ernani Baumann, após ser nomeado depositário fiel dos bens confiscados dos alemães presos, enfrenta um processo sob acusação de haver vendido vários desses objetos.

Curt lê as notícias, experimenta as sensações que elas lhe provocam mas logo volta à companhia dos livros.

Epílogo

No dia 14 de agosto de 1947, após cinco anos recluso na Ilha Grande, Curt foi libertado, graças a uma ação impetrada pelo advogado Alcebíades Delamare Nogueira da Gama, que solicitava revisão de sentença condenatória. Quando a barca aportou na cidade do Rio de Janeiro, Gerd o aguardava no desembarque com lágrimas nos olhos, tendo Erich ao seu lado.

Curt permaneceu vários anos no Brasil, trabalhando com importação e exportação. Em 1954, entendeu que era o momento de retornar à Alemanha. Em Munique, foi trabalhar com Fritz Jaffé e Jürgen Rausch, revisores da editora Deutsche Verlagsanstalt, realizando pequenas traduções e conheceu Christiane Thye, que seria sua grande companheira de vida e de aventuras literárias. Saudoso do Brasil, Curt frequentava eventos promovidos pelo consulado brasileiro, retirava livros na biblioteca e traduzia para si mesmo poemas de Carlos Drummond de Andrade, João Cabral de Melo Neto e Manuel Bandeira.

Soube que João Guimarães Rosa chegara à Alemanha, na condição de vice-cônsul do Brasil em Hamburgo, e foi ao seu encontro com um plano tão inusitado quanto ambicioso: traduzir *Grande sertão: veredas* para o alemão. Para convencê-lo, levou um capítulo já traduzido. A receptividade de Guimarães Rosa o encorajou. Durante quase dez anos, entre 1958 e 1967, os dois trocaram cartas sobre o processo de tradução, que seriam publicadas em um livro de 447 páginas: *João Guimarães Rosa: correspondência com seu tradutor alemão Curt Meyer-Clason.*

Mais do que traduzir, Curt praticamente introduziu a literatura brasileira na Alemanha. A lista de autores brasileiros traduzidos por ele para o alemão é extensa: Jorge Amado, Machado de Assis, Clarice Lispector, Carlos Drummond de Andrade, João Cabral de Melo Neto, Ferreira Gullar, Gerardo Melo Mourão, Darcy Ribeiro, Fernando Sabino, João Ubaldo Ribeiro, Mario de Andrade, Pedro Tierra, Adonias Filho, Autran Dourado, Ignácio de Loyola Brandão, José Cândido de Carvalho e muitos outros. Ele também apresentou a moderna literatura latino-americana aos alemães, ao verter, em parceria com Christiane, toda a obra de Gabriel García Márquez e vários livros de Jorge Luis Borges, Pablo Neruda, Juan Carlos Onetti, Vargas Llosa, Octavio Paz, Augusto Roa Bastos, Antonio Skármeta, César Vallejo e vários outros.

De 1969 e 1976, Meyer-Clason dirigiu o Goethe Institut em Lisboa. Em plena ditadura salazarista, introduziu o teatro de Berthold Brecht em Portugal, além de divulgar inúmeros autores como Peter Weiss, Thomas Bernard, Gunter Kunert, Jean-Marie Straub, Tankred Dorst, Ernst Bloch, Reiner Kunze e Peter Handke.

Ao receber o prêmio da Academia Alemã de Língua e Poesia, em 1975, Hans Curt Meyer-Clason declarou:

Todos nós precisamos nos tornar tradutores, se ainda não estivermos lá. Tradutores de um idioma para outro, tradutores de uma opinião, um conhecimento para o outro, um Duden[*]

---

[*] *Duden* é um dicionário da língua alemã, publicado pela primeira vez por Konrad Duden em 1880. O *Duden* é atualizado regularmente com novas edições que aparecem a cada quatro ou cinco anos.

para o outro – se quisermos nos entender. E que entender, crescer, superar as fronteiras é provavelmente a soma de toda a ciência, o que exige a tão elogiada "escola da vida".

Hans Curt Meyer-Clason faleceu em 2012, poucos meses antes de completar 102 anos, em seu apartamento na Lucile Grahn Strasse, junto ao Prinzregentheatre, em Munique. Estavam ao lado dele a companheira Christiane e as filhas Juliane, psicoterapeuta, e Philine, proprietária da livraria Tucholsky Buchhandlung. Na comunicação do falecimento, ele havia pedido que constasse um fragmento de um poema do português Miguel Torga, seu grande amigo:

Grato ao mar, por nunca mais me despertar.
Grato ao céu, por sempre me cobrir.

Dankbar dem Meer, mich niemals mehr zu wecken.
Dankbar dem Himmel, mich immer zu bedecken.
Miguel Torga

Curt Meyer-Clason
* 19. 9. 1910   † 13. 1. 2012

In Liebe
Christiane Meyer-Clason, geb. Thye
Philine Meyer-Clason
Juliane Meyer-Clason mit **Paula** und **Achim Stiegel**
Renke und **Pamela Thye**
John Frederick Thye
Familien **Beyl, Tschermak von Seysenegg, Wehl** und **Seré**
und alle Freunde

Unser besonderer Dank gilt
Elfriede und Alexej und Pflegedienst Bauer

Die Beerdigung findet statt in Anwesenheit der Familie.

Notas finais

O recurso

Nas páginas a seguir, o recurso impetrado pelo advogado Alcebíades Nogueira da Gama que redundou na libertação de Curt Meyer-Clason.

Egrégio Supremo Tribunal Militar,

HANS KURT WERNER MEYER-CLASON, comparece perante esse Egrégio Tribunal e pelo seu advogado infra-assinado, afim de requerer a revisão do processo, em virtude do qual foi condenado pelo extinto Tribunal de Segurança Nacional como incurso nas penas do art. 21, combinado com o art. 67, do Decreto-lei n. 4766, de 1º de outubro de 1942. E fa-lo baseado no Decreto-lei n. 8186, de 19 de novembro de 1945, que, ao declarar extinta aquela Côrte Especial, fixou a competência do Egrégio Supremo Tribunal Militar para rever o caso em lide, e com fundamento no art. 324 alínea c do Código da Justiça Militar, que assim prescreve :

> art. 324 - " Caberá recurso de revisão :
> ....
> c) quando a sentença fôr contrária a texto expresso de lei. "

Egrégio Tribunal:

De inicio deseja o requerente salientar que, condenado pelo extinto Tribunal de Segurança Nacional, fôra todavia anteriormente absolvido na primeira instância daquela Côrte em luminosa sentença proferida pelo ilustre Juiz Pereira Braga, sentença que, aliás, não foi devidamente apreciada pelo Tribunal pleno, que lamentavelmente a postergou, com espantoso desprezo das relevantes razões jurídicas, em que se fundamentára.

De fórma que, ao pedir a revisão do processo para alcançar sua absolvição, o requerente pleteia a restauração da brilhante sentença do Juiz Pereira Braga, vez que o Acórdão de segunda instância não póde deixar de ser reformado.

Egrégio Tribunal : o requerente foi condenado por força de um dispositivo do Decreto-lei n. 4766, que prescreve textualmente em seu art. 67 :

> " Esta lei retroagirá, em relação aos crimes contra a segurança externa, à data da rutura das relações diplomáticas com a Alemanha, a Italia e o Japão."

Estabeleceu, como se vê, aquele dispositivo a retroperância da lei até uma data fixa : a data da rutura das relações diplomáticas do Brasil com os paizes do Eixo, ou seja :

<u>o dia 28 de janeiro de 1942.</u>

Ora, o requerente foi preso, como se vê dos autos, (fls.), e o comprova o documento junto

<u>no dia 29 de janeiro de 1942.</u>

Fica, pois, irretorquívelmente demonstrado que o delito, que lhe foi imputado, com fundamento no Decreto-lei n. 4766, deveria ter sido praticado <u>entre a tarde de 28 e a manhã de 29 de janeiro de 1942</u>, em que foi preso pela Polícia do Rio Grande do Súl (em Porto Alegre), de onde é o inquérito originário.

De fórma que o suposto delito tem nítida delimitação no tempo, isto é, dentro do prazo <u>de 28 a 29 de janeiro de 1942.</u>

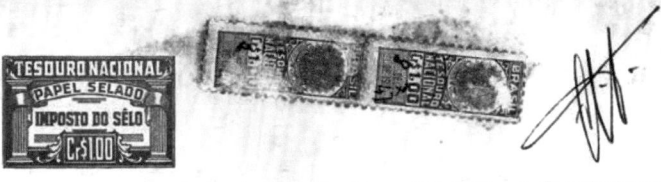

Restringindo, assim, pela lei, a fronteiras tão claras de tempo, o suposto crime, de que é acusado o requerente, está, ainda, perfeitamente situado no espaço, pela própria sentença condenatória que atribue a Hans Kurt Werner Meyer-Clason pretensos átos delituosos praticados em Recife, e apenas em Recife. Há, portanto, uma condição "sine qua non" para que se positive a configuração jurídica do delito :

que êle tenha sido praticado de 28 a 29 de janeiro
na cidade de Recife, capital de Pernambuco,

pois apenas de atividades em Recife é o requerente acusado na sentença condenatória.

Entretanto, Egrégio Tribunal, o que se verifica dos autos e do documento anexo é que o requerente foi preso pela Polícia de Porto Alegre a 29 de janeiro de 1942. Era, portanto, necessário, para que o requerente tivesse preenchido as condições essenciais ao delito, de que o acusam, praticá-lo :

a) de 28 para 29 de janeiro de 1942 ;
b) em Recife, Capital do Estado de Pernambuco.

Para tanto deveria ter-se transportado, durante a noite de 28 para 29 de janeiro de 1942, da remota capital nordestina à cidade gaucha !.....

Egrégio Tribunal, todo o mundo sabe que a distancia, que medeia entre Recife e Porto Alegre, é nada mais, nada menos de 3.800 kilometros .... De fórma que só poderia o requerente ter praticacado em Recife um delito no dia 28 para estar no Rio Grande do Súl a 29, si tivesse embarcado da velha cidade Maurícia com destino à província de São Pedro a bordo de uma bomba voadora ou nas azas de um corisco ....

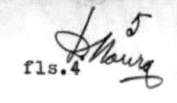

Tão fantástica é a versão que, "data venia", a admitimos antes da imaginação de um Julio Verne do que do senso jurídico do extinto Tribunal de Segurança Nacional .....

Provada, assim, a impossibilidade física da consumação por parte do requerente de qualquer delito, configurado no Decreto-lei n. 4766, poderia êle muito bem abster-se de examinar o mérito dos supostos fátos, vagamente apontados na sentença, que levaram o extinto Tribunal a condená-lo. São atividades tão imprecisas, tão flúidas, tão descarnadas e inconsistentes, que poderia o requerente refuta-las sumáriamente à simples alegação de que suas declarações foram extorquidas nos gabinetes de tortura da polícia política do Rio Grande do Sul, sob as ordens do Sr. Ernani Baumann, ao tempo da ditadura, quando foi o requerente processado e julgado, sem jamais haver comparecido à presença de um Juiz !!!

Entretanto, Egrégio Tribunal, o requerente não teme, e antes desejaria, submeter a rigoroso exame os fundamentos da sentença. Limita-se, porém, a salientar o seguinte :

1º) que os pretensos documentos de fls. 139 a 236, - na realidade simples cartas comerciais - são, de acordo com a própria sentença, "todos de 1940 e 1941", (textualmente da sentença);

2º) que a irrefutável sentença absolutória do douto Juiz Pereira Braga, sustenta precisamente isto : que as supostas atividades do requerente, nunca dirigidas contra o Brasil e sua segurança externa, foram anteriores à rutura das relações diplomáticas, ou seja, à data do alcance retroativo do Decreto-lei n. 4766 ;

3º) que nenhum elemento novo foi juntado ex-oficio á Apelação para determinar a revogação da sentença absolutória;

4º) que, de acôrdo com o inquerito policial, o requerente, acusado de exercer atividades em Pernambuco, se ausentou daquele Estado desde fevereiro de 1940, não tendo abandonado o Rio Grande do Súl desde o ano de 1941;

5º) que, datando as supostas atividades exercidas em Pernambuco de novembro de 1939 a fevereiro de 1940, não se concebe porque o Acórdão extraiu solértemente trechos das declarações, sem fixar-se nas datas, com tanta precisão consignadas no próprio inquérito;

6º) que resulta evidente - e é fato incontestável e incontestado, reconhecido no próprio inquérito policial - que ao requerente apenas se fazem acusações de fatos ocorridos entre 1940 e 1941 - um ano antes, portanto, da data do alcance retroativo do Decreto-lei n. 4766;

7º) que isto mesmo diz o ilustre Juiz de Ia. Instância, quando afirma que : " o relatorio desse processo considera-o apenas infrator do Decreto-lei n. 1561, de 2 de setembro de 1939, que não contém sanções penais. "

Egrégio Tribunal;

Face ao exposto, força é reconhecer que a

" sentença foi contrária a texto expresso de lei "

e que o requerente, vitima de iniqua injustiça, pois há mais de cinco anos está penando num carcere crime, que não praticou, e, nessas condições, merece a reparação, que ora, confiante, impetra aos integros Juizes do Supremo Tribunal Militar.

Ita speratur

Rio de Janeiro, 9 de Julho de 1947.

A obra de Curt Meyer-Clason

HANS CURT WERNER MEYER-CLASON (Ludwigsburg, 19/09/1910 – Munique, 13/01/2012) traduziu mais de cem livros de autores de língua portuguesa, espanhola, italiana, inglesa e francesa. É autor dos livros:

Erstens die Freiheit (trad. *Primeiro a liberdade*), diário de uma viagem pela Argentina e o Brasil (1978);

Portugiesische Tagebücher (1979), memórias de sua estada em Lisboa, editado em Portugal com o nome *Diários portugueses*.

Äquator (trad. *Equador*), romance autobiográfico (1986)

Unterwegs (trad. *Em trânsito*), contos (1989)

Die Menschen sterben nicht (trad. *As pessoas não morrem*), ensaios (1990)

Ilha Grande, ensaio (1998).

Nenhum desses livros foi lançado no Brasil.

Em 1969, a Faculdade de Filosofia da UFRGS lançou o livro *João Guimarães Rosa,* com textos de Guilhermino Cesar, Donaldo Schüler, Flávio Loureiro Chaves e Curt Meyer-Clason.

Em 2003, a editora Nova Fronteira lançou o livro *João Guimarães Rosa: correspondência com seu tradutor alemão Curt Meyer-Clason (1958-1967).*

Recebeu as seguintes distinções:

Medalha de ouro Machado de Assis, da Academia Brasileira de Letras, Rio de Janeiro (1964)

Ordem do Cruzeiro do Sul – Grau de Oficial (1964)

Bundesverdienstkreuz 1ª Klasse (trad. Ordem do Mérito da República Federal da Alemanha Primeira Classe) (1972)

Prêmio de tradução da Deutsche Akademie für Sprache und Dichtung (Academia Alemã de Letras) de Darmstadt (1976)

Prêmio de tradutor do Círculo Cultural da Federação da Indústria Alemã (1980)

Prêmio de tradutor da Biblioteca Nacional do Rio de Janeiro (1985)

Prêmio de tradutor da Sociedade Portuguesa de Escritores, Lisboa (1988)

Medalha München Leuchtet (trad. Munique brilha) aos amigos de Munique, distinção da cidade de Munique (1990)

Honra ao Mérito Wilhelm Hausenstein pela propagação cultural, da Academia de Belas Artes da Baviera, Munique (1996)

A trajetória de Plínio Brasil Milano

PLÍNIO BRASIL MILANO (Alegrete. 07/10/1908 – Montevidéu, 22/10/1944), formou-se pela Faculdade de Direito da Universidade do Rio Grande do Sul (atual UFRGS) em 1932. Casado com Lúcia Caldas, filha do fundador do jornal *Correio do Povo*, teve quatro filhos: Lilá, Paulo, Luiz e Márcia. Ingressou na Polícia em 1936, como delegado responsável pelo 4º Distrito. Em 1938, assumiu a Delegacia de Ordem Política e Social, cargo pelo qual adquiriu projeção nacional. Implantou a Biblioteca da Polícia Civil, a Escola de Polícia (embrião da atual Academia de Polícia) e a revista *Vida Policial*. Montou o primeiro serviço de contraespionagem do país para combater uma rede nazista que se formava no Rio Grande do Sul, o que lhe valeu um convite do FBI para participar de um curso de investigação (1943). Em 1941 coordenou o trabalho de Defesa Civil durante a grande enchente, que evitou saques nas casas alagadas, além de distribuir agasalhos e alimentos. Em 1942, participou da delegação brasileira na Conferência Sul-Americana sobre Coordenação de Medidas Policiais e Judiciária, realizada em Buenos Aires. Plínio Brasil Milano faleceu aos 36 anos em Montevidéu, durante uma operação para a retirada de um tumor nos rins. O governo do Estado decretou luto oficial de três dias. Foi homenageado com a escolha de seu nome para batizar uma importante avenida no bairro Higienópolis em Porto Alegre. Em 1983, através da Lei nº 7829, Plínio Brasil Milano foi designado patrono da Polícia Civil.

Fontes de pesquisa

DIETRICH, Ana Maria; ALVES, Eliane e PERAZZO, Priscila. *Inventário Deops: Alemanha.* Imprensa Oficial, São Paulo, 1997

HILTON, Stanley. *A guerra secreta de Hitler no Brasil.* Nova Fronteira. Rio de Janeiro, 1983

LUCAS, Taís Campelo. *Presos políticos e perseguidos estrangeiros na Era Vargas in Cortando as asas do nazismo: a DOPS-RS contra os "súditos do Eixo".* Mauad X, Faperj. Rio de Janeiro, 2014

MEYER-CLASON, Curt. *Äquator.* Roman-Lübbe, Darmstadt, 1986

MEYER-CLASON, Curt. *Diários Portugueses (1969-1976),* Tradução e posfácio de João Barrento. Edições Documenta. Lisboa, 2013

MEYER-CLASON, Curt. *Ilha Grande.* Bibliothek der Provinz, München, 1998.

PERAZZO, Priscila. *O perigo alemão e a repressão policial no Estado Novo.* Imprensa Oficial, São Paulo, 1999

PY, Aurélio da Silva. *A 5ª coluna no Brasil.* Livraria do Globo. Porto Alegre, 1942

PY, Aurélio da Silva. *O nazismo do Rio Grande do Sul – 2º relatório.* Porto Alegre, 1943

Coleção revista *Vida Policial* (1938-1944), Repartição Central de Polícia Porto Alegre.

Coleções de jornais *Correio do Povo* e *Diário de Notícias.* Museu de Comunicação Social Hypolito José da Costa, SEDAC –RS.

Coleções de jornais *A Noite, Correio da Manhã, Jornal do Brasil, Diretrizes, O Radical, Correio Paulistano* e *Diário de Pernambuco.* Hemeroteca Biblioteca Nacional, RJ.

Difusão da memória da Justiça Militar do Brasil (site *arquimedes.stm.jus.br*).

Tribunal de Segurança Nacional - Processos de revisão criminal (1936-1955)

Entrevista concedida por Meyer-Clason a Lígia Chiappini in *Scripta*, 2002

Entrevista concedida por Meyer-Clason a Priscila Perazzo in *Aventuras na História*, 2006

Relatório *Rede de Espionagem no RS*. Repartição Central de Polícia, Delegacia de Ordem Polícia e Social. Porto Alegre, 1942

Agradecimentos especiais

Marina Ludemann, diretora do Goethe-Institut Porto Alegre.

Taís Campelo Lucas, pelas longas conversas sobre Hans Curt Werner Meyer-Clason e pelo acesso a documentos de sua pesquisa.

Luciana Dabdab Waquil, pela qualidade e a presteza das traduções.

Paulo Milano e família de Plínio Brasil Milano.

Elisa Guimaraens, pelo apoio na Alemanha.

Maria Bernadete Tachini Machado e Nilse Terezinha Pires de Oliveira, da Biblioteca Delegado Plínio Brasil Milano, da Academia de Polícia Civil do RS.

Eduardo Guimaraens, pelo suporte em São Paulo.

Carlos Roberto Costa Leite (Beto), guardião da nossa memória, à frente do acervo de jornais do Museu de Comunicação Social Hypolito José da Costa.

O ESPIÃO QUE APRENDEU A LER

Libretos

Livro composto nas fontes Adobe Garamond Pro e Aachen, impresso sobre papel Pólen 80gr/m² (miolo), com 216 páginas, pela gráfica Pallotti de Santa Maria/RS, em outubro de 2019.